Lexikon

Bauen
Modernisieren
Finanzieren

© 1997/98 Compact Verlag München
Nachdruck, auch auszugsweise,
nur mit ausdrücklicher Genehmigung
des Verlags gestattet.
Redaktion: Claudia Schäfer (Ltg.),
Andrea Nölle, Milly Brunello
Umschlaggestaltung: Inga Koch
Printed in Germany
ISBN 3-8174-2123-0
2121233

In Zusammenarbeit mit der BHW-Bausparkasse

Akustik

Abig
ABIG-Werke Carry Gross GmbH & Co. KG, Abigstraße 1, D-88662 Überlingen, Tel.: 0 75 51/80 04-0, Fax: 0 75 51/80 04 50. Angebote: → Heizzentrale, → Schadstoffarme Verbrennung, → Systemtechnik.

Ablösung
Ein zinsgünstiges → Bauspardarlehen ist hervorragend geeignet, → Fest- und → Tilgungshypotheken abzulösen.

Abschlußgebühr
Die Gebühr zur Deckung eines Teils der Abschlußkosten. Sie fällt nur noch in den Fällen an, wenn vom Bausparer später ein → Darlehen in Anspruch genommen wird.

Abschreibung
Die Absetzung für Abnutzung, kurz AfA genannt, dürfen Vermieter für die Abnutzung ihrer Wohnimmobilie und den damit (theoretisch) verbundenen Werteverfall als steuerlich absetzbare Werbungskosten geltend machen. Abgeschrieben werden dürfen die Gebäudekosten und die anteiligen Erwerbsnebenkosten, nicht jedoch die Grundstückskosten, da diese nicht der Abnutzung unterliegen. Die Höhe der Abschreibung hängt u. a. davon ab, ob die Immobilie neu oder gebraucht erworben worden ist.

Abwasser
Regenwasser von Dach und Grundstück sowie durch den Gebrauch im Haushalt (Küche, Bad, WC, Feuchträume) verschmutztes Trinkwasser (Brauchwasser). Die Abwasserentsorgung erfolgt durch einen Anschluß an die öffentliche → Kanalisation oder in einer eigenen → Klärgrube. Sind öffentliche Abwasserleitungen nicht vorhanden, sollten Lage und Anschlußmöglichkeiten der Grube so gewählt werden, daß eine spätere Anbindung ohne größere Probleme möglich ist.

Abwittern
Wetterbedingte Beschädigung der Oberflächen von Bauteilen. Besonders anfällig sind → Anstriche (abblättern), → Putze (absanden) sowie ungeschützte Eisen- oder Stahlteile (Korrosion). Es empfiehlt sich daher, zu einer effektiven Oberflächenbehandlung im Außenbereich und um Witterungsschäden vorzubeugen, nur hochwertige, witterungsbeständige Stoffe zu verwenden.

Abziehlack
Eine folienartige, abziehbare Lackschicht, die zum Schutz vor Transportschäden auf eloxierte Teile wie → Beschläge und Fensterbänke aufgetragen ist. Der Abziehlack sollte erst dann abgezogen werden, wenn alle Verputz- und Malerarbeiten bereits erledigt sind. Putze können besonders Aluminium und Lackoberflächen beschädigen.

Adhäsion
Die Haftfähigkeit und Festigkeit von Klebstoffen, Farben usw. Diese ist von der Beschaffenheit des Untergrunds, der möglichst trocken, sauber und fettfrei sein sollte, und von der Zusammensetzung der Produkte abhängig.

Agio/Damnum
Steuerlich unter Umständen absetzbare Geldbeschaffungskosten, die als Aufgeld zum → Darlehen dazugerechnet werden (siehe auch → Damnum).

Akustik
Die Akustik eines Raums beeinflußt die Reflexion des Schalls. Starker Widerhall tritt besonders in Räumen mit wenig schalldämmenden Materialien auf. Tapeten, textile Bodenbeläge, Vorhänge u. a. verbessern die Akustik in Wohnräumen. Reicht dies, z. B. bei spärlicher Möblierung, nicht aus, können Akustikplatten und -putze Abhilfe schaffen.

3

Alarmanlagen

Alarmanlagen
Elektronische Alarmanlagen zum Schutz gegen Einbruch reagieren auf Bewegung, Erschütterung, Geräusche oder Temperaturveränderung. Sie geben Licht- und Sirenensignale und haben in besonderen Fällen (in der Regel nur bei Großobjekten) eine Notrufverbindung zur Polizei. Wichtige Voraussetzung für einen wirksamen Einbruch- und Diebstahlschutz ist die Sicherung von Maueröffnungen.

Allesbrenner
Heizkessel zur Verbrennung fester, flüssiger und gasförmiger Energieträger.

Allgemeine Bausparbedingungen (ABB)
In der ABB sind die rechtlichen Gegebenheiten zwischen → Bausparkasse und Sparer nach § 5 Abs. 1 des Bausparkassengesetzes geregelt. Sie werden dem Sparer bei Bausparvertragsabschluß ausgehändigt.

Allzweck-Dübel-Technik
Das Prinzip der Allzweck-Dübel-Technik basiert auf der Tatsache, daß ein und derselbe Dübel sowohl in Fest- als auch in Hohlmauerwerk funktioniert und als Langversion auch in Porenbeton sicheren Halt bietet. Durch Eindrehen der Schraube erfolgt in Beton und Vollmauerwerk eine Spreizung des Dübels. In Hohlmauerwerk und hinter Hohlwänden aus Gipskartonplatten wird die sichere Verankerung durch die Verknotung des Dübels erreicht. Diese Verknotung entsteht beim Weiterdrehen der Schraube, indem das Dübelende zum Dübelhals gezogen wird – die optimale Verknotung ist erreicht, wenn sich die Schraube nicht mehr weiterdrehen läßt. Dieser sogenannte Muttereffekt ist der wesentliche Unterschied zu den einfachen Spreizdübeln. → TOX-Dübel-Werk

Aluminium
Ein im Bauwesen vielseitig verwendbares Leichtmetall, das als Blech, Band, Folie,

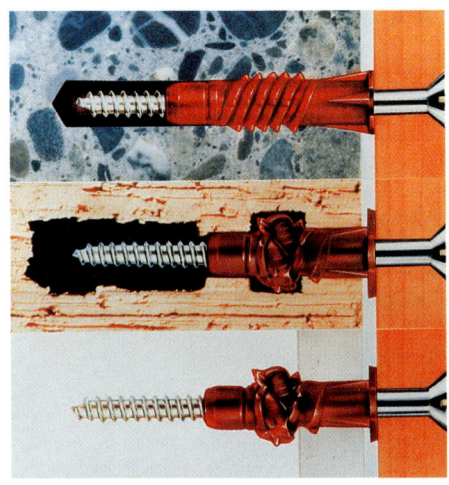

Mit der Allzweck-Dübel-Technik hält ein und derselbe Dübel in jeder Wand: oben – Spreizung in festem Vollmauerwerk, Mitte – Verknotung in Hohlmauerwerk, unten – Verknotung an der Innenseite einer Hohlwand aus Gipskartonplatten. *Tox-Dübel-Werk*

Profil oder Gußplatte erhältlich ist. Es kann z. B. für Außen- und Innenwandverkleidungen, zur Dacheindeckung und zur Herstellung von Fenstern und Türen eingesetzt werden. Durch → Eloxierung kann man die Oberfläche von Aluminiumteilen farblich gestalten und vor Korrosion schützen; auch → Anstriche und Beschichtungen (Emaille, Kunststoff) können zu diesem Zweck aufgebracht werden.

Amortisation
a) Rentabilität einer Investition. Wichtig ist, innerhalb welcher Zeit sich die Investition durch die Erträge, die sie einbringen soll, »bezahlt« macht.
b) Tilgung bzw. Rückzahlung einer Schuld in einem Betrag oder in Raten.

Annahmeurkunde
Die Bausparkasse bestätigt bei Vertragsabschluß mit der Urkunde die Annahme des → Bausparvertrags.

Große Pläne, kleines Budget: Gas-Heizkessel G124 X.

**Gratis-Infos anfordern!
Alles über Buderus
Gas-Heizkessel unter:
01 80 / 5 22 97 97**

Doppelt sparen: beim Preis und beim Verbrauch.

Denn der Gas-Heizkessel G124 X von Buderus ist nicht nur besonders preiswert, er senkt auch Ihre Heizkosten: Zum Beispiel mit modernster Niedertemperatur-Technik ohne untere Temperaturbegrenzung - bis hin zur Totalabschaltung. Das ist High-Tech, die in dieser Preisklasse nicht selbstverständlich ist! Fragen Sie Ihren Heizungsfachmann. Buderus Heiztechnik GmbH, Bereich MW, 35573 Wetzlar.

Buderus
HEIZTECHNIK

Annuität

Annuität
Die Gesamtleistung der Zins- und Tilgungszahlungen während eines Jahres für ein → Darlehen. Der prozentuale Anteil der Tilgungszahlungen wird bei Annuitäten wie → Bauspardarlehen oder Tilgungshypotheken jährlich steigen, da der geschuldete Betrag, auf den die Zinsen sich beziehen, sich stetig verringert.

Annuitätsrate
Möchte man Annuitäten nicht in einer Summe zahlen, also jährlich, so kann man mit dem Kreditgeber eine Aufteilung in Raten vereinbaren. Die Zinsen werden entsprechend der Aufteilung der Raten, also vierteljährlich oder monatlich verrechnet.

Anspargrad
Prozentsatz des bereits eingezahlten Bausparguthabens im Vergleich zur vereinbarten → Bausparsumme. Ist eine ausreichende Bewertungszahl vorhanden, wird die Bausparsumme zugeteilt.

Anstrich
Anstriche werden zur dekorativen und schützenden Oberflächenbehandlung eingesetzt. Die Haltbarkeit des Anstrichs wird durch eine sorgfältige Vorbereitung des Untergrunds (entfernen von Staub und Fett, abschleifen, abspachteln, abbeizen, entrosten, aufrauen etc.) gesichert. Jedes Anwendungsgebiet verlangt einen speziellen Anstrich:
a) Bitumen als Schutzanstrich für Fundamente.
b) Silikone und Fluate als Schutzanstrich für Putze und Verblendungen.
c) Lacke, Firnis und Imprägnierungen als Holzschutz.
d) Ölfarben und Öllacke bilden eine wasserbeständige Oberfläche, können aber unter Witterungseinflüssen ausbleichen, reißen und abblättern.
e) Polyesterlacke sind fester und beständiger gegenüber Umweltbelastungen und werden als Belag auf Hartholz oder Beton verwendet.
f) Atmungsaktive Dispersionsfarben kommen im Innen- und Außenbereich auf Putzen, Tapeten u. a. zum Einsatz.
g) Silikat-, Kalk- oder Zementfarben sind gleichfalls diffusionsfähig und wetterbeständig. Sie haften sehr gut auf Beton und Putz.

Ob Sie sich für einen Dübel, einen Anker oder ein anderes Befestigungselement entscheiden, dieser Anwendungsratgeber erleichtert Ihnen die Wahl. *TOX-Dübel-Werk*

Anwendungsratgeber
Für den Heimwerker ebenso wie für den Profi ist es nicht immer leicht, aus der Vielzahl der angebotenen Dübel, Anker und sonstiger Befestigungselemente die richtige Wahl zu treffen. Das TOX-Dübel-Werk, das mit seinem umfassenden Programm kein Befestigungsproblem unbeantwortet läßt, stellt einen kostenlosen Anwendungsratgeber für Profis und Heimwerker zur Verfügung, um dem Anwender die Qual der Wahl zu erleichtern. Die Broschüre im Format DIN A6 gibt eine Produktübersicht mit detaillierten Anwendungsbeispielen und vermittelt dem Anwender umfassende Produkt-, Material- und Verarbeitungskenntnisse. → TOX-Dübel-Werk

Attika

Arbeitgeberdarlehen
Arbeitgeberdarlehen zählen zu den freiwilligen Sozialleistungen vieler Unternehmen und fällt meist viel günstiger aus als Darlehen von anderen Geldgebern. Allerdings darf der subventionierte Zins bestimmte Grenzen nicht unterschreiten. Liegt der vereinbarte effektive Zinssatz unter 6 %, müssen Sie den Zinsgewinn als geldwerten Vorteil versteuern.

Arbeitnehmersparzulage
Staatliche Zugabe auf die Einlagen eines Arbeitnehmers, die sein Arbeitgeber von dem Arbeitseinkommen einbehält und auf einen Bausparvertrag im Rahmen des Vermögensbildungsgesetzes überweist.

Arbeitsfuge
Eine im Konstruktionsplan vorgesehene Fuge, die den einzelnen Bauteilen bei Temperaturschwankungen in gewissem Rahmen Volumen- und Formänderungen erlaubt. Dies ist nötig, um Rißbildungen zu vermeiden.

Architektenleistungen
Gemäß des Vertrags mit dem Bauherrn erbringt der Architekt folgende Leistungen: Vor- und Hauptentwurf, → Bauvorlagen, Baugesuch, Ausführungszeichnung, Massen- und Kostenberechnung, → Baugrunduntersuchung, Nachweis der Standsicherheit, → Ausschreibung, Vergabe der Aufträge, Beaufsichtigung und Leitung des Baus, Abrechnung. Die erbrachten Leistungen werden durch die Architektengebühr nach der Verordnung über die Honorare für Leistungen der Architekten und Ingenieure (HOAI) entgolten.
Wird der Vertrag mit dem Architekten vorzeitig gekündigt, müssen die erbrachten Aufwendungen im Einzelfall konkret ermittelt werden. Eine pauschale Abrechnung, z. B. 60 % des Honorars, braucht der Bauherr nicht zu akzeptieren.

Armaturen
Alle Einrichtungen zur Bedienung der Wasserversorgung bei Wasch- und Spülbecken, Duschen und → Badewannen. Sie können an der Wand oder im hinteren Beckenrand montiert sein. Neben einfachen Zuläufen für Kaltwasser gibt es → Batterien zum Mischen von kaltem und warmem Wasser mittels zweier Wasserhähne oder eines Hebels. Eine selbsttätige Regelung der Mischtemperatur kann durch Thermostatmischer erfolgen. Modernste Einrichtungen erlauben eine Temperaturvorwahl und die Bedienung mit Drucktasten.

Moderne und komfortable Armaturen reduzieren den Wasser- und Energieverbrauch. *Hansa*

Asbest
Asbest ist ein fäulnisbeständiger und feuerfester faseriger Stoff. Dieser wird als Zusatz in → Putz und als feuersichere Ummantelung verwendet. Freigesetzte Asbestfasern und Asbeststaub gelten als krebserregend.

Attika
Die bei Flachdächern rundum über die Dachebene hinausreichende Außenmauer, welche die Dachkante abschließt. Die Attika

auffrieren

sorgt dafür, daß Regen- und Schneewasser in den in der Dachfläche vorgesehenen Gully und nicht über die Fassade abläuft.

auffrieren
An Außenanlagen können durch eindringendes Wasser erhebliche Schäden entstehen. Gemörtelte Fugen oder Platten und Beläge werden unter Frosteinwirkung gelockert oder gar abgesprengt.

Auflagerscheiben
Scheibenförmige Unterlagen, mit welchen z. B. Waschbetonplatten lose verlegt werden. Dies kann im Außenbereich sinnvoll sein, damit Regenwasser auch zwischen den Platten ablaufen kann.

Auflassung
Einigung des Verkäufers und Käufers, daß das Eigentum im Grundbuch auf den Namen des Käufers umgeschrieben werden soll. Die Auflassung muß notariell beglaubigt werden. Es ist unbedingt auf einer vorherigen Vermessung des Grundstücks zu bestehen. Eigentümer ist der Käufer erst nach vollzogenem Grundbucheintrag. Bei mehreren Vormerkungen hat diejenige Vorrang, die als erste eingetragen worden ist.

Auflassungsvormerkung
Sind die für eine Eigentumsumschreibung erforderlichen Bedingungen noch nicht erfüllt, kann die durch einen Notar beurkundete Auflassungsvormerkung sicherstellen, daß im Grundbuch keine für den Käufer nachteiligen Verfügungen eingetragen werden können. Als Käufer sichert man sich damit ab, daß kein anderer Interessent das Objekt kaufen kann, solange man selbst noch daran interessiert ist.

Aufmaß
Die exakte Feststellung aller am Bau geleisteten Arbeiten, die es ermöglicht, den Gesamtpreis der Leistungen zu ermitteln. Wurde ein fester Endpreis festgelegt, ist ein Aufmaß nicht nötig.

Ausbau
a) Die Einstufung von Bauwerken, wie sie nötig ist, um die Architektengebühr ermitteln zu können. Architekturleistungen werden in der »Honorarordnung für Architekten und Ingenieure« (HOAI) beschrieben.
b) Fertigstellung des Innenbereichs durch Installationsarbeiten, Verputzen, Malerarbeiten u. a.

Ausbauhäuser
»Schneller ins eigene Heim«, so lautet die Devise von Fingerhut Haus für schlaue Heimwerker. Mit Geschick und Zeit kann der Bauherr viel Geld sparen. Das Erfolgsrezept dieses Unternehmens ist ganz einfach: Es werden preiswerte Häuser mit festem Grundriß, in solider Ausstattung angeboten. Die persönlichen Wünsche des Bauherrn können auch hierbei berücksichtigt werden. Fingerhut Haus ist Mitglied in Bundesverband Deutscher Fertigbau (BDF) und

Mit dem nötigen Geschick und Zeit kann der Bauherr viel Geld sparen. *Fingerhut Haus*

Außenwanddämmung

unterliegt selbstverständlich auch bei den Ausbauhäusern einer regelmäßigen Güteüberwachung. Zeit, ein paar kräftige Helfer und handwerkliches Geschick sollten Sie als Bauherr schon mitbringen, damit aus Ihrem Heim ein Schmuckstück wird und Sie sich über Ersparnisse bis zu DM 80.000,– gegenüber einem schlüsselfertigen Haus richtig freuen können. Wertbeständig für Generationen, eben ein → Fingerhut Haus.

Ausdehnungsgefäß
Ein Druckausgleichbehälter der Zentralheizung, der überschüssiges Wasser der Anlage auffängt.

Ausfachung
Das Hochziehen von nichttragenden Mauern zwischen → Fachwerk oder Stützen aus → Stahlbeton.

Ausgleichsmasse
Dünner, leicht verlaufender → Mörtel, der Unebenheiten von Böden ausgleicht.

Aushub
Die beim Ausheben der Baugrube anfallende Erd- und Gesteinsmenge. Ein Teil verbleibt für nach der Fertigstellung des Gebäudes anfallende Planierungsarbeiten auf dem Grundstück. Der Rest wird vom Bauunternehmer abtransportiert. Die Baugrubensohle, auf die der Kellerboden aufgetragen wird, muß vollkommen waagerecht sein. Die Neigung der Grubenböschungen richtet sich nach der Bodenbeschaffenheit und kann zwischen 45 Grad bei weichem Untergrund und 90 Grad in Fels betragen.

Ausschreibung
Die Form der Auftragsvergabe und Kostenermittlung bei Bauvorhaben. Eine genaue Aufstellung der geforderten Leistungen wird vom Architekten an verschiedene Firmen versandt. Das beste Angebot bietet ein optimales Preis-Leistungsverhältnis und erhält den Zuschlag. Durch Ausschreibung erfolgte Aufträge müssen nach den Vorschriften der → VOB (sogenannte Verdingungsordnung für Bauleistungen) ausgeführt werden.

ausschäumen
Fugen oder Hohlprofile werden abgedichtet oder isoliert, indem man sie mit Kunstharzschaum ausfüllt. Dies ergibt vor allem eine sehr gute Wärmedämmung. Da das Material gegen mechanische Beanspruchung nicht besonders widerstandsfähig ist, müssen verbleibende Öffnungen mit Kunststoff- oder Metalldichtungen verschlossen werden.

Außenanstriche
Sie müssen Witterungseinflüssen dauerhaft standhalten können. Es eignen sich für
a) Außenwände: Kalk- oder Zementanstriche, Kunststoffanstriche aus → Silikon oder → Acrylharz, Öl- und Lackanstriche, Dispersionsfarben, Edelputze mit lichtechten und witterungsbeständigen Einfärbungen;
b) Metallteile: Kunstharzlacke, Klarlacke, Spezialfarben;
c) Holz: → Imprägnierung gegen Pilzschäden, Ölfarben und -lacke, Kunstharzlacke, Klarlacke, Lasuren.

Außenputz
Er besteht in der Regel aus → Spritzbewurf, Unter- und Oberputz, mit einer Gesamtdicke von mindestens 2 cm. Die Gestaltung der Oberfläche geschieht durch Putzverarbeitung mit Kellen, Spritzen u. a. Laut → VOB kann man in angemessenem Rahmen kostenlos Proben anbringen lassen. Die Auswahl des → Putzes sollte die Gegebenheiten der Umwelt berücksichtigen; rauher Putz verschmutzt schneller als glatter.

Außenwanddämmung
Optimale Wärmedämmung von Außenfassaden spart nicht nur wertvolle Energie,

Austrocknung

Wärmedämm-Verbundsysteme schaffen ein ausgeglichenes Innenraumklima und schützen das Mauerwerk vor der Witterung. Als Endbeschichtung sind Kunstharzputze oder mineralische Putze in vielen Farben und Strukturen möglich. *Heidelberger Dämmsysteme*

sie sorgt auch für eine behagliche Wohnatmosphäre: Angenehm kühl im Sommer, behaglich warm im Winter. Wärmedämm-Verbundsysteme schützen die Außenwände vor Frost- und Hitzeeinwirkungen sowie vor Feuchtigkeit. Die Außenwände bleiben trotzdem diffusionsoffen. Die Heidelberger-Wärmedämm-Verbundsysteme bestehen aus Styropor-Fassadendämmplatten in unterschiedlichen Dicken. Auf die Armierungsmasse werden ein Putzhaftgrund und anschließend ein Oberputz aufgebracht. Wärmedämm-Verbundsysteme sind auch bei problematischen Fassaden und älteren Häusern möglich. Sie leisten einen wirksamen Beitrag in Richtung Energieeinsparungen und Umweltschutz. Besonders wirksamer Schutz der Kellerwände vor Feuchtigkeit bietet eine Perimeter-Dämmung in Verbindung mit einer Bitumen-Kunststoff-Dickbeschichtung. Ihr Einsatz verhindert Kältebrücken in erdberührten Bereichen.
→ Heidelberger Dämmsysteme

Austrocknung
Das Mauerwerk des → Rohbaus sollte vor dem Innenausbau ausreichend an Feuchtigkeit verloren haben. Dies geschieht in der Regel während des Winters, da die Luft dann trockener ist. Die Feuchtigkeit, die während des Innenausbaus durch den → Innenputz austritt, wird durch Heizen und Lüften ausgetrocknet. Trockenputze können sofort mit diversen → Anstrichen oder Tapeten versehen werden.

Badewannen
Es werden Ausführungen aus emailliertem → Gußeisen oder → Stahl, aus Feuerton oder Acrylglas angeboten. Der Einbau moderner Badewannen erfolgt mit Wandabschluß und einer Wannenverkleidung, beispielsweise aus Porenbeton mit → Fliesen oder einer Metallschürze. Hinter der Verkleidung kann eine Badewannenheizung installiert werden.

Bankvorausdarlehen
Dieses → Darlehen einer Bank ist an den Abschluß eines → Bausparvertrags gebunden. Der Antragsteller kann sofort über das Geld verfügen. Das BVD, für das nur Zinsen, aber keine Tilgung zu zahlen sind, wird bei der → Zuteilung durch den Bausparvertrag abgelöst.

Batterie
→ Armatur, um warmes und kaltes Wasser zu mischen. Eingebaut werden sie als Mischbatterien bei Wasser- und Spülbecken, als Wannenfüllbatterien und als Duschbatterien.

Batterietank
Behälter aus → Stahl, → Aluminium oder Kunststoff zur Lagerung von Heizöl. Batterietanks können, daher der Name, untereinander gekoppelt werden. Bei einem genormten Fassungsvermögen von 1.000,

Bauabnahme

1.500 und 2.000 Litern je Tank sind individuelle Vorstellungen der gesamten Lagerkapazität somit leicht zu erfüllen.

Bauabnahme
Die von der Baubehörde erteilte Erlaubnis zur Nutzung eines Gebäudes. Der → Rohbau wird mit einem Zwischenbescheid baurechtlich abgenommen (dazu ist auch der Schornsteinfegerschein nötig). Der fertige Bau erhält den Gebrauchsabnahmeschein.

Bauabrechnung
Der von der ausführenden Firma gestellten Bauabrechnung liegt der vereinbarte Festpreis, das → Aufmaß oder der bei der → Ausschreibung festgelegte Preis zugrunde. Abgerechnet werden hierbei auch durch besondere Leistungen entstandene Kosten.

Bauämter
Die einzelnen Ämter haben folgende Aufgaben: Genehmigungen und Überwachung (→ Bauaufsicht).
Hochbauamt: öffentliche Bauten.
Katasteramt: Vermessung der Grundstücke (→ Kataster).
Liegenschaftsamt: öffentliche Grundstücke.
Planungsamt: Bauleitplanung (→ Bauleitplan).
Tiefbauamt: Erschließung, Straßenbau, → Kanalisation.
Wohnungsamt: Wohngeld, staatlich geförderter Wohnungsbau.

Bauantrag
Neubau-, An- oder Umbauvorhaben müssen vom zuständigen Bauamt genehmigt werden. Der in zweifacher Ausfertigung einzureichende Bauantrag besteht aus dem Antrag auf → Baugenehmigung, → Baubeschreibung, Bauzeichnung, → Lageplan, Berechnung für → Statik, Plan für Wasser- und Abwasserinstallationen, Ausweisung von Stellflächen für Fahrzeuge und Plan der Umzäunung. Der Antrag muß sowohl vom Antragsteller (Bauherrn) als auch vom Architekten unterzeichnet sein.

Bauaufsicht
Die Bauaufsichtsbehörde und die Berufsgenossenschaft kontrollieren den vom Architekten eingesetzten Bauleiter und den vom Bauunternehmer bestimmten Bauführer. Von den Verantwortlichen wird die Einhaltung aller baurechtlichen, bautechnischen und berufsgenossenschaftlichen Vorschriften überprüft.

Baubeschränkung
Von Ort zu Ort unterschiedliche Bauvorschriften geben Auskunft über Beschränkungen, die die Nutzung des Grundstücks betreffen. Baubeschränkungen beziehen sich auf → Baulinien, → Bauwich, → Geschoßflächenzahl und → Grundflächenzahl.

Baubeschreibung
Umfassende Beschreibung der Größe, der Architektur, der Konstruktionsweise und des Innenausbaus besonders von schlüsselfertigen Eigenheimen. Die Baubeschrei-

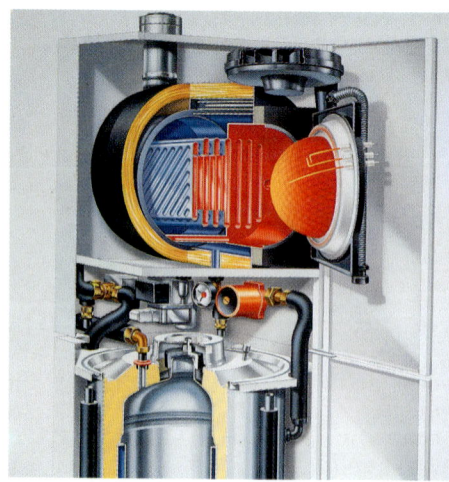

Nur ein intelligentes Heizsystem garantiert Sicherheit und Sparsamkeit. *Viessmann*

Bauförderungsprogramm

bung gehört zu den → Architektenleistungen und ist Bestandteil des → Bauantrags.

Baubetreuer
Der Baubetreuer wickelt im Auftrag des Bauherrn die Errichtung einer Immobilie ab. Er baut auf dem Grund des Bauherrn. Im Gegensatz zum → Bauträger erbringt er die Leistungen im Namen und auf Rechnung des Bauherrn.

Bau- und Wohnbiologie
Die Bau- und Wohnbiologie beschäftigt sich mit den Auswirkungen von Bauweisen sowie verwendeten Materialien beim Bau und bei der Innenausstattung auf die Gesundheit der Bewohner. Zum Forschungsbereich gehören des weiteren ökologische Wechselwirkungen und Belastungen durch geologische Gegebenheiten.

Baudarlehen
Von Kreditinstituten bereitgestellte Mittel, um den Bau oder Kauf einer Immobilie zu finanzieren. Baudarlehen zählen zu den → Fremdmitteln. Sie werden als → Hypothek oder → Grundschuld im Grundbuch eingetragen und so dinglich, also durch das finanzierte Objekt abgesichert (→ Darlehen, → Bauspardarlehen).

Bauerwartungsland
Eine im → Flächennutzungsplan zur späteren Bebauung ausgewiesene Fläche. Sein Erwerb birgt das Risiko, daß es erst nach vielen Jahren zu Bauland aufgewertet wird.

Baufinanzierung
→ Eigenmittel, → Eigenleistungen und → Fremdmittel, die zur Bezahlung des Kaufpreises und der Erwerbskosten bzw. der Baukosten und der Baunebenkosten dienen. Zu den Eigenmitteln zählen beispielsweise angespartes Kapital, Aktien und Wertpapiere, → Arbeitgeberdarlehen, eigenes Grundstück; → Eigenleistungen sind die Arbeiten, die man selbst erbringt; → Fremdmittel bestehen aus → Hypotheken, Krediten, → Bauspardarlehen.

Bauflucht
Die in der örtlichen Bauordnung bestimmte Lage der Gebäudefront zur Straße. Sie ist, ebenso wie die Vorgabe der Abstandsflächen, der Geschoßzahl und der Gesamthöhe des Bauwerks, strikt einzuhalten.

Bauförderungsprogramm
Zusätzlich zur Eigenheimzulage können Bauherren für ihr Eigenheim u. U. die Bauförderung durch ihr Bundesland in Anspruch nehmen. Im Rahmen der 3 Förderwege werden zinslose oder zinsverbilligte Baudarlehen, Zusatzkredite für kinderreiche Familien und Aufwendungszuschüsse vergeben. Die Förderung ist u. a. vom Einkommen des Antragstellers abhängig. Ein Rechtsanspruch auf die Finanzmittel besteht nicht. Auskunft erteilen folgende Stellen:
Baden-Württemberg: Landratsämter oder Landeskreditbank (Tel.: 07 21/15 00)
Bayern: Landratsämter, Oberste Baubehörde (Tel.: 0 89/21 92 02)
Berlin: Investitionsbank Berlin (Tel.: 030/2 64 98 30)
Brandenburg: Investitionsbank Brandenburg (Tel.: 03 35/5 57 15 30)
Bremen: Amt für Wohnung und Städtebauförderung (Tel.: 04 21/3 61 40 12)
Hamburg: Hamburgische Wohnungsbaukreditanstalt (Tel.: 0 40/24 84 60)
Hessen: Landratsämter, Wirtschaftsministerium (Tel.: 06 11/81 50)
Mecklenburg-Vorpommern: Landesförderinstitut Schwerin (Tel.: 03 85/6 36 30)
Niedersachsen: Landestreuhandstelle für das Wohnungswesen (Tel.: 05 11/36 10)
Nordrhein-Westfalen: Ministerium für Wohnen und Bauen (Tel.: 02 11/3 84 30)
Rheinland-Pfalz: Ministerium der Finanzen (Tel.: 0 61 31/16 42 07)

Baufristen

Egal in welchem Baugebiet – moderne und sachliche Architektur wird immer geschätzt. *Braas*

Saarland: SaarLB (Tel.: 06 81/3 83 - 01)
Sachsen: Sächsische Aufbaubank (Tel.: 03 51/4 91 00)
Sachsen-Anhalt: Landesförderinstitut (Tel.: 03 91/5 89 17 45)
Schleswig-Holstein: Investitionsbank Schleswig-Holstein (Tel.: 04 31/9 00 03)
Thüringen: Landratsämter, Landesverwaltungsamt Weimar (Tel.: 036 43/5 85)

Baufristen
Die Terminierung der einzelnen Arbeitsschritte während des Bauablaufs. Bei der Auftragsvergabe können Fristen vertraglich festgehalten werden. Abhängig von den Witterungsverhältnissen müssen für den → Rohbau bis zu acht Wochen und für den Innenausbau bis zu 16 Wochen eingeplant werden.

Baufuge
Sie verhindert eine nicht vorhersehbare Rißbildung zwischen unterschiedlichen Mauerwerken, Betonteilen, Deckenkonstruktionen und verputzten Flächen. Durch Temperaturschwankungen, Feuchtigkeit und Untergrundveränderungen auftretende Risse werden durch Baufugen abgefangen. Die Baufugen dichtet man mit → Fugendichtungen und → Fugendeckstreifen ab.

Baugebiet
Im → Flächennutzungsplan und im → Bebauungsplan werden die Nutzungsmöglichkeiten von Baugebieten festgelegt. Man unterscheidet zwischen reinen Wohngebieten, allgemeinen Wohngebieten, Mischgebieten, Gewerbegebieten, Industriegebieten, Dorf- und Wochenendhausgebieten.

Baugenehmigung
Nachdem ein den örtlichen Bauvorschriften entsprechender → Bauantrag eingereicht, der Vorbescheid ausgefertigt und die Einwilligung der Nachbarn eingeholt wurde, erteilt die Baubehörde ihre Zustimmung zum Bau. Liegt für das gewünschte Gelände ein detaillierter → Bebauungsplan vor, wird das Baugenehmigungsverfahren kaum länger als fünf Wochen dauern. Im → Finanzierungsplan ist es mit 2-4‰ der Baukosten zu veranschlagen.

Baugrunduntersuchung
Um spätere Bauschäden auszuschließen und das → Fundament fachgerecht erstellen zu können, muß der zu bebauende Boden auf seine Tragfähigkeit hin überprüft werden. Dies geschieht anhand geologischer Karten, durch das Anlegen von Schürfgruben und durch Bohrungen; auch die Höhe des Grundwasserspiegels (→ Grundwasser) wird so ermittelt.

Bauherrenhaftpflichtversicherung
Diese Versicherung übernimmt die Schadenersatzforderungen an den Bauherrn, die entstehen können, wenn dieser seiner Sorgfaltspflicht nicht ausreichend nachgekommen ist. Der Bauherr ist immer für die Schäden, die andere Personen aufgrund des Bauvorhabens erfahren, verantwortlich:

Modern heizen - Energie sparen.

Neue Heizung? Dann Öl!

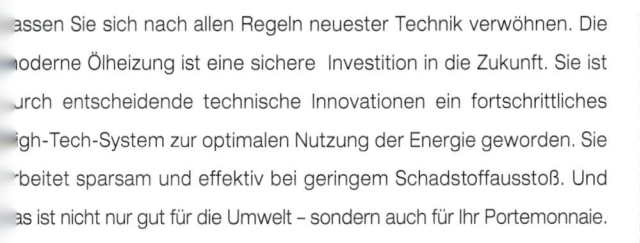

DIE ÖLHEIZUNG
Modern heizen – Energie sparen.

Lassen Sie sich nach allen Regeln neuester Technik verwöhnen. Die moderne Ölheizung ist eine sichere Investition in die Zukunft. Sie ist durch entscheidende technische Innovationen ein fortschrittliches High-Tech-System zur optimalen Nutzung der Energie geworden. Sie arbeitet sparsam und effektiv bei geringem Schadstoffausstoß. Und das ist nicht nur gut für die Umwelt – sondern auch für Ihr Portemonnaie.

Für weitere Informationen zur modernen Ölheizung schicken Sie diesen Coupon gleich an: IWO Institut für wirtschaftliche Oelheizung e.V., Süderstraße 73a, 20097 Hamburg.

Name, Vorname

Straße, Hausnummer

PLZ/Ort

BMF 08/97/VS 1

Baukapitalsparbrief

Er muß dafür Sorge tragen, daß die Baustelle ausreichend beleuchtet, abgesperrt und Gruben abgedeckt sind. Er muß sich der Zuverlässigkeit aller am Bau Beteiligten (Bauunternehmer, Architekten, Handwerker usw.) versichern. Die Prämie für die Bauherrenhaftpflichtversicherung berechnet sich nach der Bausumme. → Bauwesenversicherung

Baukapitalsparbrief
Eine Einlage mit einem festen Zinssatz und einer Laufzeit von normalerweise 4½ bis 5 oder 7 Jahren. An den → Bewertungsstichtagen wird ein bestimmter Prozentsatz der Einlage, einschließlich der Zinsen, auf einen → Bausparvertrag eingezahlt.

Bauklasse
Zur Berechnung der Architektengebühren werden Bauvorhaben klassifiziert. Die Einteilung nennt unter anderem die Bauklassen: einfache Wohnbauten sowie Wohngebäude mit mittlerem, besserem oder reichem → Ausbau.

Baukosten
Mit hochbelastbaren schlanken Kalksandstein-Wandkonstruktionen ist eine Erhöhung der Wohn- und Nutzfläche um 5 % bei unverändertem Bauvolumen realisierbar. Die wirtschaftliche Nutzung des Grundrisses wird wesentlich erhöht, und Kosten im Roh- und Ausbau werden eingespart. Das beginnt bei der kleineren Baugrube, reicht über eingesparte Dachziegel bis hin zu dünneren Decken mit weniger Stahl und Beton. Unter dem Strich reduzieren sich die Kosten beim Rohbau schnell um bis zu 10 % und mehr. → Kalksandstein-Information

Baulandumlegung
Festlegung von öffentlichen Verkehrswegen und Grünanlagen sowie von zur Bebauung freizugebenden Grundstücken auf bisher landwirtschaftlich genutzten Flächen. Eine Baulandumlegung erfolgt gemäß dem in der jeweiligen Gemeinde gültigen → Bebauungs- und → Flächennutzungsplan.

Baulast
Im Baulastenverzeichnis des Katasteramtes (→ Kataster) festgehaltene Rechte der Gemeinde oder anderer auf Nutzung eines Grundstücks (beispielsweise die Zufahrt zu einem anderen Grundstück).

Bauleitplan
Er setzt sich aus dem → Bebauungsplan und dem → Flächennutzungsplan zusammen. Der Bebauungsplan basiert auf dem Flächennutzungsplan und legt Baugebiete, Bauweisen usw. fest.

Baulinien
Im → Bebauungsplan festgehaltene Grenzen der Bebaubarkeit, nach denen sich die Planung eines Hauses orientieren muß. An rot markierte Baulinien muß herangebaut werden, blau markierte Linien (sog. Baugrenzen) müssen nicht erreicht, dürfen aber nicht überbaut werden.

Optimale Raumnutzung bei minimalem Material- und Kostenaufwand. *Kalksandstein-Information*

Bausparantrag

Baumängel
Bei der Abnahme werden alle sichtbaren Baumängel schriftlich in einem Abnahmeprotokoll festgehalten. Ansprüche auf → Gewährleistung bei Mängeln, die bei der Abnahme nicht erkannt werden konnten, verjähren bei einem Vertrag nach der → VOB nach zwei, bei einem Vertrag nach dem BGB nach fünf Jahren. Verjährungsbeginn ist jeweils der Tag der Abnahme. Es ist empfehlenswert, sich bei der Abnahme von einem durch die Industrie- und Handelskammer vermittelten Bausachverständigen begleiten zu lassen, da dieser meist einen besseren Blick für verborgene Mängel hat als der Bauherr.

Baumaße
Bei der Planung sollte auf die Verwendung von genormten und damit preisgünstigen Bauteilen geachtet werden. Alle Sonderanfertigungen erhöhen die Baukosten erheblich. Dies gilt z. B. für Fenster, Türen, Kücheneinrichtungen, Einbauschränke, Treppen im Innen- und Außenbereich, aber auch für Baustoffe wie Betonwerkstein.

Baumassenzahl
Die Baumassenzahl errechnet sich aus der im → Bebauungsplan festgelegten → Grundflächenzahl und der → Geschoßflächenzahl. Mit der Baumassenzahl wird bestimmt, wieviel Kubikmeter Raum über einem Quadratmeter Grundfläche erstellt werden dürfen.

Baunebenkosten
Alle nicht von den reinen Baukosten abgedeckten Beträge: Honorare für Architekt, Bauleiter und Fachingenieure, → Bauabnahme, Einmessung, Prüfung der → Statik sowie Kosten für die Beschaffung der → Fremdmittel wie Zinsen, → Damnum, Notar- und Bereitstellungskosten. Beträge für Telefon, Porto und → Richtfest. Die Baunebenkosten können bis zu 20 % der reinen Baukosten betragen.

Baunormen
Normen nach → DIN (Deutsche Industrie-Norm). Alle Materialien, Baustoffe und Konstruktionsarten sind vom Deutschen Normenausschuß genau definiert. Bestimmt werden Qualitätsvorschriften, Form-, Mengen- und Größenangaben, Prüf- und Arbeitsvorschriften, Sicherheitskriterien und Lieferbedingungen. Normen nach DIN bilden die Grundlage für Ansprüche auf → Gewährleistung.

Bauplan
Eine Leistung des Architekten. Der vorläufige Entwurf wird im Maßstab 1:200, der endgültige Plan im Maßstab 1:100 erstellt. Der Eingabeplan für den → Bauantrag hat den Maßstab 1:100. Pläne für die Handwerker und Detailzeichnungen haben einen größeren Maßstab.

Bauschutt
Bauschutt muß vom Bauunternehmer abtransportiert werden. Er ist in die verschiedenen Abfallarten zu trennen und gegebenenfalls als Sondermüll zu behandeln und zu bezahlen. Es ist nicht zulässig, diesen auf dem Grundstück zu vergraben.

Bauseitige Leistungen
Durch den Bauherrn, nicht von Handwerkern erbrachte → Eigenleistungen. Diese gehen in die Kalkulation der → Baufinanzierung ein und können – je nach Umfang – zu einer erheblichen Senkung der Baukosten beitragen.

Bausparantrag
Zum Abschluß eines → Bausparvertrags notwendiger Antrag, der an eine → Bausparkasse zu richten ist. Beratungsgespräche und entsprechende Unterlagen informieren über die Konditionen der verschiedenen Institute. Bausparkassen für bestimmte Berufsgruppen (z. B. BHW für Beamte) gewähren Sonderleistungen.

Bausparbeitrag

Bausparbeitrag
Der monatlich zu zahlende, regelmäßige Sparbeitrag oder zusätzliche, unregelmäßige Sondersparbeiträge.

Bauspardarlehen
Errechnet sich als Differenz zwischen der vertraglich vereinbarten → Bausparsumme und dem bereits angesparten Bausparguthaben. Der Abschluß eines → Bausparvertrags garantiert für das Bauspardarlehen einen festen Zinssatz über die gesamte → Laufzeit. Um ein Bauspardarlehen erhalten zu können, muß zuvor der → Bausparvertrag zugeteilt worden sein (→ Zuteilung). Dies geschieht bei einigen Instituten nur auf Antrag.

Bauspareinlagen/Bausparguthaben
Die Einlagen errechnen sich aus der Summe der regelmäßigen Sparbeiträge, eventuellen Sonderzahlungen, den Wohnungsbauprämien und den Guthabenzinsen abzüglich anfallender Gebühren (Abschlußgebühr).

Bausparförderung
Bausparen wird durch die → Wohnungsbauprämie und (Arbeitnehmer-)Sparzulagen, die durch das Vermögensbildungsgesetz festgelegt sind, staatlich gefördert. Welche der Förderungsmöglichkeiten in Ihrem Fall in Frage kommen, können Sie von Ihrem Bausparberater erfahren.

Bausparkasse
Eine Sparkasse mit privatem oder öffentlichem Träger, die nur wohnwirtschaftliche Zwecke finanziert.

Bausparsumme
Der Betrag, über den der → Bausparvertrag abgeschlossen wird. Die Bausparsumme setzt sich aus den → Bauspareinlagen und dem → Bauspardarlehen zusammen und wird nach der → Zuteilung des Vertrags in voller Höhe ausbezahlt. Auf Antrag kann die Höhe der Bausparsumme verändert werden.

Bausparvertrag
Der Vertrag, den ein Bausparer mit einer → Bausparkasse abschließt, um ein Bauvorhaben mit einem zinsgünstigen → Darlehen finanzieren zu können. Ein solches Darlehen wird gewährt, wenn die → Bewertungszahl erreicht wurde.

Bausparzielversicherung
Sie macht den Bausparvertrag auch zur Lebensversicherung; eine vorteilhafte Vermögensbildung kombiniert mit maßgeschneidertem, preisgünstigem Versicherungsschutz.

Baustaffel
Eine im → Bauleitplan enthaltene Vorschrift zur Bebauung und Nutzung von Grundstücken. Festgelegt ist beispielsweise auch, ob Einzel- oder Reihenhäuser gebaut werden dürfen.

Baustoffprüfung
Die Baustoffprüfung ist notwendig zur Marktzulassung von beim Bau verwendeten Elementen und Stoffen. Grundlage der Bewertung, die von ausgewählten Instituten vorgenommen wird, sind die Normen nach DIN (Deutsche Industrienorm). Nur bei der Verwendung von mit Gütezeichen ausgewiesenen Baustoffen ist gewährleistet, daß alle Anforderungen an → Statik, Wärme- und Schalldämmung sowie Beständigkeit erfüllt werden.

Baustoffwahl
Energiesparen fängt schon bei der richtigen Baustoffwahl an. Durch die Feinstporosierung, die versetzten Querstege und das günstige Lochbild im Inneren des unipor-Ziegels erreicht er eine hohe Wärmedämmung und gute Schallschutzeigenschaften. Der

Tochter Nina will immer ihren Kopf durchsetzen.

Das hat sie nun davon.

Jede Menge Platz zum Spielen und leben, wie's gefällt. Mit dem richtigen Bausystem werden Traumhäuser schnell und günstig Realität. Denn das Hebel Bausystem aus Porenbeton läßt sich einfach verarbeiten – ideal zum Selberbauen. Zusätzlich bietet es auch hervorragende Wärmedämmung, angenehmes Raumklima und dauerhaften Wohnwert. **Bau mit System.**

Hebel. Das Bausystem. Vom Baustoff bis zum schlüsselfertigen Gebäude.
☐ Informieren Sie mich über das Bauen mit dem Hebel Bausystem

Hebel AG • Informationsservice • Postfach 120121 • 45312 Essen
http://www.hebel.de   11748/5528/3597

Name
Firma
Straße
Ort
Telefon

Bausystem für die Althaussanierung

Die Feinporosierung mit Sägemehl hinterläßt nach dem Brennvorgang viele kleine Lufteinschlüsse und sorgt so für eine hohe Wärmedämmung. *unipor*

natürliche Weg der Wärmeenergie von einer Wandseite zur anderen wird verlängert, Energieverluste so gehemmt. Wie vorteilhaft sich das in der Praxis auswirkt, zeigen die k-Werte einschaliger bzw. zweischaliger Wände. Der k-Wert gibt an, wieviel Wärme stündlich durch einen Quadratmeter Mauerwerk entweicht. Für die Wärmeleitfähigkeit gilt das Maß Lambda-R (λ_R): Je niedriger, desto besser ist die Wärmedämmung. Eine 36,5 cm dicke Ziegelwand erreicht z. B. den λ-Wert von Massivholz gleicher Dicke. → unipor

Bausystem für die Althaussanierung

Jeder Altbau hat seine individuellen Probleme. Hebel bietet Ihnen mit dem Bausystem für die Altbausanierung ein komplettes System aufeinander abgestimmter Bauteile für Wand, Decke, Dach und Rohbau, Verarbeitung und Folgearbeiten. Damit modernisieren Sie Ihr Haus schnell, rationell und statten es für Generationen mit zeitgemäßer Wohnqualität aus. Die einfache, saubere, nahezu trockene Verarbeitung von Hebel Bauteilen garantiert zügigen Baufortschritt

und reduziert die Schmutz- und Lärmbelästigung auf ein Minimum. → Hebel AG

Bauträger

Es handelt sich hierbei um das Unternehmen, von dem der Bauherr eine Immobilie schlüsselfertig erwirbt. Außer der Errichtung des Gebäudes schuldet der Bauträger auch das Grundstück. Üblicherweise errichtet der Bauträger das jeweilige Gebäude bis zur Fertigstellung zunächst auf eigene Rechnung.

Bauvoranfrage

Will der Bauherr sicher gehen, daß seine Vorstellungen des Bauvorhabens auch tatsächlich genehmigt werden können, kann er vorab beim örtlichen Bauamt einen Vorbescheid erwirken. Bei einem späteren Baugenehmigungsverfahren sind die im Vorbescheid entschiedenen Punkte für die Behörde verbindlich. Allerdings ist der Bauvorbescheid nur zeitlich befristet gültig: je nach Landesbauordnung in aller Regel zwischen einem und drei Jahren.

Auch die Sanierung von Kellerräumen ist mit kompletten Systemen bequem zu erreichen. *Hebel AG*

Belastungswerte

Bauvorlagen
Die Unterlagen, die der Architekt bei der Baubehörde einreicht, um für seinen Auftraggeber eine → Baugenehmigung zu erlangen. Sie sind in der → Landesbauordnung festgelegt. Zu den Unterlagen zählen in der Regel → Baupläne im Maßstab 1:100, Berechnungen der → Statik, eine detaillierte Baubeschreibung und Pläne zur Entwässerung (Wasser- und Abwasserinstallationen).

Bauwesenversicherung
Eine Versicherung, die für die gesamte Bauzeit, bis zum Einzugstermin, gegen Schäden durch Sturm, Hagel, Blitzschlag, Überschwemmung, Frost, eine eventuelle Senkung des Erdreichs und mutwillige Zerstörung schützt. Die Bauwesenversicherung beinhaltet jedoch keine Feuerversicherung; diese muß extra abgeschlossen werden. Die Bauwesenversicherung wird häufig auch als Bauleistungsversicherung bezeichnet.

Bauwich
Der in der Bauordnung festgelegte, mindestens einzuhaltende Abstand eines Gebäudes zur nachbarlichen Grundstücksgrenze. Der Bauwich richtet sich nach der Anzahl der errichteten Etagen. Zaunanlagen, → Stützmauern und Anlagen unter der Erdoberfläche dürfen auch innerhalb des Bauwichs gebaut werden. Innerhalb bestimmter Grenzen dürfen Vorsprünge des Daches und der Türüberdachung sowie Gesimse in den Bauwich hineinragen.

BBauG
Das Bundesbaugesetz bildet die Grundlage für Gesetze von Bundesländern und Kommunen, die Baugebote und -verbote, → Bauleitpläne und → Bebauungspläne, → Flächennutzungspläne u. a. betreffen.

Bebauungsplan
Rechtlich verbindlich festgesetzte Städtebauordnungen und Bauvorschriften für die Gestaltung von Gebäuden und Freiflächen. Im Bebauungsplan sind die Baunutzung, die Lage und Bauweise der Häuser, die Mindestgröße von Grundstücken, Abstandsflächen und Grundstücksgrenze, öffentliche Flächen wie Spielplätze u. a. ausgewiesen. Grundlage des Bebauungsplans ist der → Flächennutzungsplan.

Beimischventil
Ein Ventil an der Zentralheizungsanlage, mit dem die Vorlauftemperatur von der höheren Kesseltemperatur auf etwa 60 Grad Celsius herab- und die Temperatur des Rücklaufwassers heraufgemischt wird. Benötigt wird diese Einrichtung, um durch höhere Kesseltemperaturen Korrosion zu verhindern, und damit das Kesselwasser durch das Rücklaufwasser nicht zu sehr abgekühlt wird.

Bekleidungen
a) Die Konstruktionsteile und Materialien zur Verkleidung von Wänden und Decken. Als solche kommen Akustikplatten, → Spanplatten, → Putze, Paneele, Vertäfelungen u. ä. in Betracht.
b) Leisten bei Türen, um die Fuge zwischen dem Türfutter und dem Mauerwerk zu verkleiden (Abdichtungsprofile).

Belastung
Im Bereich der → Baufinanzierung gelten als Belastung alle Formen der Fremdfinanzierung des Bauvorhabens (→ Darlehen, → Hypotheken, Kredite). Um Probleme bei der Tilgung zu vermeiden, sollte das Verhältnis Eigen- und Fremdkapital sorgfältig auf persönliche Möglichkeiten abgestimmt sein. Art und Höhe der Belastung werden im Grundbuch vermerkt.

Belastungswerte
Sie dienen in der → Statik zur Bestimmung der Stabilität von Bauteilen. Ihre Erstellung gehört zu den Aufgaben des Architekten, der dabei Eigengewicht und Nutzlast sowie

Beleihung

klimatische und topographische Gegebenheiten (Wind, Schnee, Hanglage etc.) zu berücksichtigen hat.

Beleihung
Gewähren Banken oder Bausparkassen Geldmittel zur Baufinanzierung, wird dafür, sofern nicht andere Sicherheiten (Aktien, Wertpapiere etc.) zur Verfügung stehen, eine dingliche Sicherung in Form eines Pfandobjekts verlangt. Als solches bietet sich das zum Kauf vorgesehene Grundstück bzw. das zu erstellende Gebäude an. Der Wert der Immobilie (→ Beleihungswert) kann jedoch nur bis zu einem bestimmten maximalen Prozentsatz (→ Beleihungsgrenze) beliehen werden.

Beleihungsgrenze
Als Faustregel gilt: Je geringer die → Eigenmittel sind, um so teurer wird die Finanzierung. Normalerweise gelten 80 % des → Beleihungswerts als obere Grenze der Beleihbarkeit.

Beleihungsunterlagen
Durch Vorlage dokumentiert der Bauherr dem Geldinstitut, daß ein Pfandobjekt existiert oder erstellt wird, und wie hoch dessen Verkehrswert ist. Im einzelnen werden: Grundbuchauszug, → Bau- und Lagepläne, → Baubeschreibung, Kostenvoranschlag/ → Finanzierungsplan, Katasterauszug, Grundsteuerbescheid sowie ein Nachweis der Gebäude- und Feuerversicherung benötigt.

Beleihungswert
Aufgrund der vom Bauherrn zur Verfügung gestellten → Beleihungsunterlagen und der Erfahrungen über den Verkehrswert von Immobilien errechnen Banken und Bausparkassen einen Wert, der langfristig, unter Berücksichtigung des Dauerertragswerts, für das Objekt gelten wird. An ihm bemißt sich die → Beleihungsgrenze.

Bereithaltung/Bereitstellung
Nimmt der Bausparer die → Zuteilung des → Darlehens durch die Bausparkasse an, so wird dieses für ihn bereitgestellt. Anders als bei üblichen Baukrediten werden für die Zeit bis zur Darlehensauszahlung keine Bereitstellungszinsen erhoben.

besäumen
Für Bauholz, Bretter, Dielen etc. ist die weiche Holzschicht unter der Rinde unbrauchbar; sie wird entfernt.

Beschläge
Die Funktionsteile an Fenstern und Türen werden unter diesem Begriff zusammengefaßt. Bei Fenstern sind dies die Griffe sowie die diversen Spezialbeschläge für Dreh-, Wende-, Dreh-Kipp-, Schwing-, Versenk- und Hebefenster. Gleiches gilt für Balkontüren u. ä. Griffe können aus Sicherheitsgründen mit Riegeln versehen werden. Bei Türen zählen neben den Griffen und Knöpfen die Schilder, die Türöffner, die → Türschließer, die Türfeststeller und die Schlösser zu den Beschlägen. An

Ist der Nutzer als zutrittsberechtigt identifiziert, läßt sich das Schloß entriegeln. *HEWI*

Betonzusatzmittel

Innentüren genügen im allgemeinen einfache Buntbartschlösser, während Außentüren grundsätzlich mit Zylinderschlössern gesichert sein sollten (→ Schließanlagen).

Besonnung
Sonnenlicht ist in Wohnräumen üblicherweise erwünscht und hebt den Wohnwert. Daher muß der → Bebauungsplan die Anlage und Breite der Straßen und die Bauweise unter diesem Aspekt angemessen berücksichtigen.

Beton
Dieses vielseitige Baumaterial läßt sich aus der heutigen Architektur kaum noch wegdenken. Seine Grundbestandteile sind Wasser, Zement und Sand. Je nach Art der verwendeten Zuschlagstoffe ergibt sich daraus Kiessand-, Splitt oder Ziegelsplittbeton. Geringes Gewicht und verbesserte Wärmeisolierung kennzeichnen den Leichtbeton. Auch hier entscheiden die Zuschlagstoffe (z. B. → Bims) über die Qualität. Säurefester Zement schützt das Betongemisch vor den Einflüssen angesäuerter Böden, während → Sperrmittel das Material wasserdicht machen. Durch → Bewehrung/→ Monierung entsteht der besonders formstabile → Stahlbeton.

Betonanstrich
Neben → Sperrmitteln werden auch Anstriche verwendet, um Beton vor Feuchtigkeit zu schützen. Zementfarben, Fluorverbindungen und Silikate eignen sich zur Behandlung freiliegender Bauteile, wobei Böden auch gern mit Epoxidharz beschichtet werden. → Fundamente versiegelt man mit Bitumen.

Betonfertigteile
Sie ersparen die Betonherstellung am Bauplatz und beschleunigen somit u. U. die Fertigstellung des Objekts (→ Fertigbauelemente, → Stahlbeton).

Betonglas
Im Gegensatz zu → Glasbausteinen sind die in vielen Formen verfügbaren Betonglaskörper belastbarer (bis 500 kg/m^2) und eignen sich daher nicht nur für lichtdurchlässige Wände, sondern auch für begeh- und befahrbare Flächen.

Betongüteklassen
Je nach Betondichtigkeit und damit seiner Formbeständigkeit (Druckfestigkeit) erfolgt nach DIN 1048 die Zuteilung zu einer Güteklasse.

Betonhaftmittel
Will man → Mörtel dünnschichtig verarbeiten, bedarf es ggf. besonderer Zusätze (Kunstharze), um eine gute Haftung zu erzielen. Im Materialverbund fügen Haftmittel Beton mit Glas und Metall zusammen.

Betonstahl
Betonbauteile von besonderer Stabilität ergeben sich bei Verwendung von Armierungsstählen, die als Draht oder Rundeisen ausgeführt werden können; glatt, gedrillt, gebogt oder gerippt. Für Decken genügt meist Baustahlgewebe.

Betonverflüssiger
Gibt man dem Betongemisch beim Anmachen reichlich Wasser zu, so ergibt sich ein leicht zu formendes Baumaterial von sehr hoher Plastizität. Dadurch wird der Vorgang der → Austrocknung jedoch erheblich verlangsamt, denn stark wasserhaltiger Beton erhöht die Baufeuchte. Betonverflüssiger (Abbindeverzögerer, → Betonzusatzmittel) erhalten die Plastizität auch bei verringerter Wasserzugabe und ermöglichen so ein schnelleres Austrocknen.

Betonzusatzmittel
Die Grundeigenschaften des Betons lassen sich durch die Zugabe chemischer Produkte nachhaltig verändern. Beim Abbinden

Betriebsdruck

können Abbindebeschleuniger oder -verzögerer eingesetzt werden. Die Belastbarkeit und Dichtigkeit wird mit → Sperrmitteln erhöht. Luftporenbilder dienen der Herstellung von Porenbeton.

Betriebsdruck
Die Wasserinstallationen eines Gebäudes benötigen einen bestimmten Druck, dessen Höhe von der Menge des benötigten Brauchwassers abhängt. → Druckminderer verringern ebenso wie eine geeignete Dämmung der Rohre die Geräuschentwicklung in den Leitungen, die z. B. beim Gebrauch von WC-Druckspülern lästig sein kann.

Bewehrung
a) Durch die Bewehrung (→ Monierung) von Betonbauteilen wird die Belastbarkeit für Druck- und Zugkräfte deutlich heraufgesetzt (→ Betonstahl, → Stahlbeton). Allzu massiv wirkende Bauformen können durch Betonbewehrung vermieden und durch eher zierliche ersetzt werden. Bewehrungspläne sind Teil des → Bauantrags und werden vom Statiker angefertigt.
b) Risse in Anstrichen und Wänden werden erfolgreich vermieden bzw. behoben, indem man den Anstrichen vor der Verarbeitung → Faserkitt beigibt.

Bewertungsstichtag
Der jeweils letzte Tag eines Kalenderquartals gilt bei → Bausparkassen als Bewertungsstichtag. In bezug auf diese Termine werden die → Bewertungszahlen errechnet. Günstig ist eine Einzahlung vor einem Stichtag, da sich hierdurch die → Bewertungszahl erhöht.

Bewertungszahl
Sie wird zu den → Bewertungsstichtagen errechnet und zeigt den Zuwachs des Bausparguthabens an. Von der Höhe der Bewertungszahl hängt der Zeitpunkt der → Zuteilung ab.

Bims
Ein von zahlreichen Luftporen durchsetztes, vulkanisches Material, aus dem sich Bimsbaustoffe herstellen lassen. Durch den hohen Lufteinschluß ist das Material nicht nur sehr leicht, sondern auch wärmedämmend. Feuerbeständigkeit, Verrottungsfestigkeit sowie gute Putzhaftung gehören zu den weiteren guten Eigenschaften dieses leicht zu verarbeitenden Baustoffs.

Bindemittel
Luftbinder, die nur unter Luftzufuhr abbinden (Baugips, Luftkalk) und hydraulische Binder (Zement, hydraulischer Kalk) werden zum Abbinden von → Beton und → Mörtel eingesetzt. Auch Bitumen und Teer, mit denen z. B. Dachpappen getränkt werden, zählen zu den Bindemitteln.

Binder
Verschiedenes ist unter diesen Begriff zu fassen: Im Holzbau bezeichnet er einen Teil der Dachkonstruktion, in der Farbindustrie meint er Kunstharze und Öle, um Anstrichstoffe zu binden, und im Mauerbau ist darunter ein Stein zu verstehen, der aufeinanderstoßende Mauern verbindet.

Bindungsfrist
Das ist der Zeitraum, in dem über das Bausparguthaben ohne Verlust der staatlichen Vergünstigungen nicht verfügt werden kann. Ausnahme: Die Bausparsumme wird für die im Gesetz begünstigten Zwecke verwendet. Kürzungen sind immer schädlich. Die Bindungsfrist beträgt 7 Jahre für die Wohnungsbauprämie und 10 Jahre für die Inanspruchnahme von Sonderausgaben (Steuervergünstigung).

Biokabel
Die Wirkung elektromagnetischer Strahlung kann durch Verwendung dieser mit einer geerdeten Abschirmung versehenen Leitung vermindert werden.

Schwörer WärmeGewinnHaus.
Und stetiger Fortschritt baut mit.

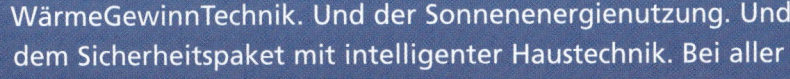

Höhlenbewohner ließen die Natur für sich bauen. Eine Pioniertat war das erste Holzhaus der Jungsteinzeit. Holz bestimmte die Baukunst des Mittelalters. Und mit diesem traditionellen Baustoff sorgen wir von SchwörerHaus noch heute für stetigen Fortschritt. Aus dem nachwachsenden Rohstoff entstehen modernste Fertighäuser, ausgestattet mit Umwelttechniken, die ihrer Zeit voraus sind. Zum Beispiel mit der WärmeGewinnTechnik. Und der Sonnenenergienutzung. Und dem Sicherheitspaket mit intelligenter Haustechnik. Bei aller Weiterentwicklung haben Sie als Bauherr stets die Sicherheit, daß nur erprobte umweltgerechte Werkstoffe eingesetzt werden. Die Garantie dafür ist unser Öko-Audit!

Register-Nr. DE-S-168-00010
Standort Oberstetten

Umweltbewußt für Sie!
Solarpreis 1996

Sicherheit für Sie!
Öko-Audit 1997

Ausgefüllten Coupon senden an:
SchwörerHaus GmbH & Co., 72530 Hohenstein

Wann dürfen wir für Sie fortschrittlich planen?
Gerne senden wir Ihnen vorab
☐ kostenl. Informationsmaterial
☐ Schwörer-Video; DM 13,– (inkl. Versand;
  Bitte Verrechnungsscheck beilegen)

Absender:

841/0197

SchwörerHaus GmbH & Co.
Postfach · 72530 Hohenstein
Tel. 0 73 87/16-3 14
Fax 0 73 87/16-2 38

Wir sind mit 7 Werken und über 50 Musterhäusern in ganz Deutschland vertreten. Auch in Ihrer Nähe!

Blähton

Blähton
Er gehört zu den → Leichtbaustoffen und wird aus hochwertigem, aufbereitetem Ton hergestellt. Ähnlich dem Naturmaterial → Bims, weist Blähton viele Lufteinschlüsse auf, die durch → Expandieren des Tons im Brennofen entstehen. Das körnige Endprodukt wird vor allem als Zuschlagstoff für die Herstellung von Leichtbeton benötigt.

Bohrhammer
Mit einem Bohrhammer, z. B. dem neuen Bosch Hammer PBH 240 RE, überwinden Sie härtesten Widerstand schneller und leichter als mit einer Schlagbohrmaschine. Dabei arbeiten Sie nicht nur präzise, sondern auch besonders schnell – und das fast ohne Kraftaufwand. Das sogenannte »SDS-System« macht diesen Bohrhammer äußerst flexibel im Einsatz: zwei Bohrfutter in Kombination mit verschiedenen Einsatzwerkzeugen ermöglichen hämmern, meißeln, bohren oder schrauben. Mit 620 Watt kann erst kraftvoll gehämmert, aber im nächsten Augenblick auch, dank Elektronik

Die Bohrlochinjektion ist ein sicheres und preiswertes Verfahren der Mauertrockenlegung. *VEINAL®*

und Drehzahlvorwahl, gefühlvoll in Holz und Metall gebohrt werden. → Bosch

Bohrlochinjektage
Horizontalabdichtungen mit dem VEINAL®-Bohrlochinjektions-System gehören heute zu den sichersten und preiswertesten Verfahren der Mauerwerktrockenlegung. Das extrem krichfähige VEINAL®-Silikonharz reagiert mit der Feuchtigkeit im Baustoff zum Silikonharzkautschuk. Das Produkt benötigt keine Luft zur Reaktion und reagiert ohne bauschädliche Salzbildung (Alkalicarbonat). → VEINAL®

Bosch
Robert Bosch GmbH, Elektrowerkzeuge, Postfach 10 01 56, 70745 Leinfelden-Echterdingen, Tel.: 07 11/7 58-0. Angebote: → Bohrhammer, → Stichsäge, → Varioschleifer.

Brennwerttechnik
Moderne Heizkessel gewährleisten eine bestmögliche Brennstoffausnutzung. Niedertemperaturkessel erreichen etwa 93 % Brennstoffausbeute und Brennwertkessel,

Mit einem Bohrhammer, ausgerüstet mit dem Fliesenmeißel aus dem Sonderzubehör, entfernen Sie alte Fliesen und Kacheln ohne Mühe. *Bosch*

Dachdämmung

durch Kondensation des Wasserdampfes in den Abgasen, bis zu 109 %. Der kuriose Wert größer 100 % kommt durch den in Deutschland angewandten Energiemaßstab »Heizwert« zustande, der die Kondensationswärme nicht beinhaltet. Ein geeigneter Maßstab zur Bewertung ist der »Brennwert«, der die Kondensationswärme einbezieht. Niedertemperaturkessel erreichen einen Nutzungsgrad von bis zu 84 % des Brennwertes, moderne Brennwertkessel bis zu 97 % des Brennwertes. Der Nutzungsgrad des Brennwertkessels zeigt, daß durch die Brennwerttechnik eine optimale Brennstoffausnutzung erreicht wurde. Weitere Hinweise zum Thema »Brennwerttechnik« entnehmen Sie bitte dem Ratgeber »Die wirtschaftliche Gaszentralheizung« von G. Böhm, Buderus Heiztechnik. → Buderus

Bezogen auf den Heizwert können Brennwertkessel über 100 % Nutzungsgrad erreichen. *Buderus*

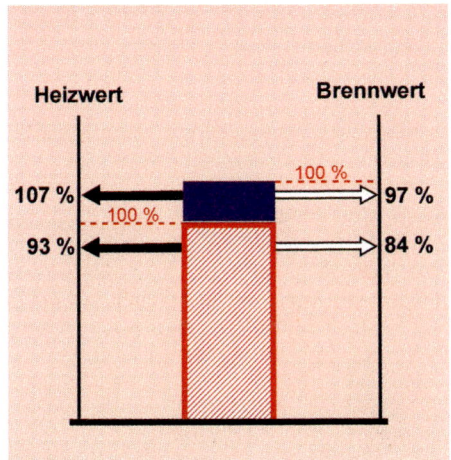

Buderus Heiztechnik

Dachdämmung

Die Wärmeschutzverordnung will den Energieverbrauch deutlich senken. Eine Dachdämmung bietet dazu viele Ansätze: Auf-

Das Dämmdach auf den Sparren ist ideal für Neubau und Dachsanierung. Das AS-System ermöglicht die Erhaltung des gesamten Dachraumes.
Heidelberger Dämmsysteme

Buderus
Buderus-Heiztechnik GmbH, Sophienstraße 30–32, D-35576 Wetzlar, Tel.: 0 64 41/4 18-0, Fax: 0 64 41/4 56 02. Angebote: → Brennwerttechnik, → Solarsystem, → Wärmezentrale.

Dachentwässerung

sparren-Dämmsysteme eignen sich für den Neubau oder wenn das Dach neu eingedeckt wird. Die außenliegende Dämmung verhindert Wärmebrücken. Beim Dachausbau sind heimwerkerfreundliche Lösungen besonders beliebt. Raumsparend kann der Bauherr die Dämmung zwischen den Sparren anbringen, z. B. das Endlos-Stecksystem Styrotect S oder den Heidelberger Dämmkeil. Besonders effizient läßt sich die Zwischensparren-Dämmung durch großformatige Dämmplatten ergänzen, die unter den Sparren angebracht werden: Diese sind auch als Dekorplatten erhältlich und bieten Wärmedämmung und Innenraumgestaltung in einem. Alle Heidelberger Dämmstoffe bestehen aus Styropor. Es ist FCKW-frei und weder in der Verlegephase noch im ausgebauten Dachraum hautreizend.
→ Heidelberger Dämmsysteme

Dachentwässerung
Zum Schutz der Fassaden vor Feuchtigkeit leitet man Regen- und Schmelzwasser in → Dachrinnen und Fallrohre (bei fehlenden Fallrohren kann ein offener Abfluß verwendet werden). Flachdächer besitzen zur Entwässerung Gullys, die das gesammelte Wasser aufnehmen. Die Dachfläche wird zum Gully hin mit einem leichten Gefälle angelegt und außen durch eine → Attika begrenzt. Gegen eine Verstopfung der Systeme durch herabfallendes Laub und andere Fremdkörper können spezielle Gitter installiert werden, gegen Eis und Schnee helfen spezielle Heizanlagen.

Dachflächenfenster
Ausgebaute Dächer werden durch zwischen die Dachsparren gesetzte Fenster mit Licht versorgt. Je nach gewünschtem Bedienungskomfort können Ausstell- oder Drehfenster sowie eine Kombination aus beiden gewählt werden. Sonnenschutzeinrichtungen sind wegen der Neigung der Fensterfläche besonders empfehlenswert.

Dachlatten
Weichholzlatten, die als Auflager für Dachziegel und Dachpfannen dienen. Ihre Ausführung in Maß und Qualität bestimmt DIN 4070. Zum Schutz vor Staub und Flugschnee können Dachunterspannbahnen eingebracht werden.

Dachrinne
Sie ist ein Funktionsteil der → Dachentwässerung bei Schrägaufbauten und sammelt an der Traufe Regen- und Schmelzwasser, um es durch die Fallrohre abzuleiten. Ihr Querschnitt und damit ihre Aufnahmefähigkeit muß in Relation zu der zu entwässernden Dachfläche gewählt werden. Außerdem sollten sie, auch bei geringer Länge, immer im Gefälle verlegt sein, um Verunreinigungen vorzubeugen. Aluminium, Kunststoff, Kupfer, Stahl und Zink sind bevorzugte Materialien.

Dachstockausbau
Bei der Dämmung in zwei Schichten zwischen und unter den Sparren kann die Dampf- und Windsperre Delta-Fol Reflex zwischen den beiden Dämmstofflagen ein-

Delta-Fol Reflex, als Dampf- und Windsperre zwischen zwei Dämmschichten eingebaut. *Dörken*

Dämmsysteme

gebaut werden. Sie ist so wirksam vor Beschädigungen durch Innenausbauarbeiten geschützt. → Dörken

Dachstuhl

Unter dem Dachstuhl versteht man die tragende Dachkonstruktion. Sie wird in Zimmermannsarbeit aus → Dachlatten, Pfetten und Sparren ausgeführt. Da bewohnbare Dachräume aufwendig isoliert werden müssen (Dachdämmung), sollte man gegebenenfalls ein Massivdach errichten.

Dämmkeil

Geneigte Dächer bieten viele Möglichkeiten einer effizienten Dämmung. Für die Zwischensparren-Dämmung ist der Heidelberger Dämmkeil aus Styropor ideal. Das Material ist FCKW-frei, wasserabweisend, schwer entflammbar und formstabil. Der hohe Luftanteil im Styropor sorgt für sehr gute, dauerhafte Dämmeigenschaften. Zwei keilförmige Dämmplatten bilden bei diesem System eine Einheit. Für den Einbau braucht der Heimwerker nur ein wenig Geschick und haushaltsübliche Werkzeuge. Das Besondere: Die leichten Keile lassen sich vor dem Einbau verschieben und passen sich bei geringem Verschnitt allen üblichen Sparrenabständen an. Nut- und Federausbildungen und natürlich die Klemmwirkung beim Einbau sorgen für sicheren Halt der zugeschnittenen Dämmkeile zwischen den Sparren.
→ Heidelberger Dämmsysteme

Dämmsysteme verbessern die Wohnqualität und sorgen für mehr Umweltschutz. *Schwenk*

Mit ein bißchen Geschick und haushaltsüblichem Werkzeug lassen sich die Heidelberger Dämmkeile einfach, schnell und sauber auch im Do-it-yourself-Verfahren verlegen. *Heidelberger Dämmsysteme*

Dämmsysteme

Der Mensch braucht Wärme. Die neue Wärmeschutzverordnung hilft Energie zu sparen, verbessert die Wohnqualität und sorgt für mehr Umweltschutz. SCHWENK Dämmtechnik ist der führende Anbieter von Dämmsystemen aus Styropor, Mehrschichtleichtbauplatten und Holzwolle-Leichtbauplatten. Durch die breite Produktpalette steht für alle Anwendungsfälle eine anspruchsvolle und ausgereifte Dämm-Lösung vom Keller bis zum Dach zur Verfügung. Durch unsere Eigenüberwachung und Fremdüberwachung sichern wir Ihre Bauvorhaben. Unsere Erfahrung bietet Sicherheit. Für heute und morgen. → Schwenk

Damnum

Damnum
Auch Disagio oder Darlehensabgeld genannt. Es bezeichnet die Betragsdifferenz zwischen → Darlehen und effektiver Auszahlung. Seit 1. Januar 1996 ist bei selbstgenutztem Wohneigentum das Damnum nur noch bis zu DM 3.500,- steuerlich absetzbar. Vermieter können jedoch auch weiterhin das Disagio in voller Höhe steuermindernd geltend machen. Für sie lohnt es sich daher u. U., ein relativ hohes Damnum zu vereinbaren.

Danfoss
Danfoss Wärme- und Kältetechnik GmbH, Postfach 1261, D-63130 Heusenstamm, Tel.: 0 61 04/6 98-0, Fax: 0 61 04/6 98-4 09. Angebote: → Heizungsregelung, → Rücklaufverschraubung, → Thermostatventile.

Darlehen
Wird ein Bausparvertrag → zugeteilt, so kann der Sparer über die gesamte → Bausparsumme verfügen. Die Differenz zwischen Bausparguthaben und Bausparsumme wird als Darlehen gewährt. Darauf hat der Sparer einen Rechtsanspruch. Der vereinbarte Zinssatz gilt über die gesamte Laufzeit. Über besondere Wohnungsbaudarlehen der öffentlichen Hand informiert die zuständige Gemeinde.

Darlehensgebühr
Die Darlehensgebühr von 2 % des → Bauspardarlehens wird als Aufgeld dem Bauspardarlehen zugeschlagen. Sie zählt zu den Geldbeschaffungskosten und ist bei Beachtung der gesetzlichen Bestimmungen steuerlich absetzbar. Bei BHW Dispo plus wird diese Gebühr nicht mehr berechnet.

Darlehenskosten
Zinsen, Gebühren und → Disagio sowie Vertragsabschlußgebühren sind nach der Preisangabeverordnung vom Sparer zu entrichten und im → Effektivzins eingerechnet.

Darlehenskündigung
Solange der Bausparer seinen Verpflichtungen nachkommt, ist das Darlehen seitens der Bausparkasse unkündbar.

Darlehenssicherung
Wie alle anderen Formen der Fremdfinanzierung wird auch ein → Darlehen durch den Eintrag einer → Grundschuld im Grundbuch dinglich, also am finanzierten Objekt, abgesichert.

Darlehensvermittlung
Übersteigt der Finanzierungsbedarf die Bausparsumme, vermittelt BHW die restlichen Kreditmittel oder besorgt die Zwischenfinanzierung noch nicht zugeteilter Bausparverträge, auch im Rahmen der → »Finanzierung aus einer Hand«.

Darlehensverzicht
Verzichtet der Sparer auf sein zugeteiltes Bauspardarlehen, wird die bei Vertragsbeginn gezahlte Abschlußgebühr in Höhe von 1% der Bausparsumme zurückerstattet.

Darlehenszinsen
Folgende Zinsvereinbarungen sind möglich: variabler Zins, der sich ständig an die Entwicklung auf dem Kapitalmarkt anpaßt, oder Festzins, der für eine bestimmte Laufzeit vereinbart wird (z. B. 5 oder 10 Jahre). Lediglich bei Bauspardarlehen ist der Zins über die gesamte Laufzeit garantiert.

Denkmalschutz
Architektonische, städtebauliche, technische oder wissenschaftliche Gründe entscheiden darüber, ob ein Gebäude unter Denkmalschutz gestellt wird (u. U. auch nur ein Teil). Grundsätzlich gilt, daß alle Arbeiten an solchen Baukörpern vom Denkmalamt genehmigt sein müssen und daß dabei bestimmte Auflagen zu beachten sind. Die Nutzung von Steuervorteilen kann diesen Mehraufwand ausgleichen.

Heidelberger Dämmkeil fürs Dach

Die Dämmung für das Steildach. Für alle Sparrenabstände, einfach einklemmen

Gutschein für Dämm-Infos: Verlegeanleitung, Profitips, Händlernachweis. Bitte Coupon an:
➔ HEIDELBERGER DÄMMSYSTEME:
Mittermeierstraße 18 · 69115 Heidelberg

BHW

- Hohe Dämmleistung
- Umweltfreundlich und hautschonend
- FCKW-frei

Name _____

Straße _____

PLZ _____ Ort _____

HEIDELBERGER DÄMMSYSTEME

Diffusion

Diffusion
Die meisten Bauteile und -stoffe können von Wasserdampf durchdrungen werden, was zunächst auch erwünscht ist, da nur so ein zuträgliches Wohnklima gewährleistet ist. Zu starke Feuchtigkeitseinwirkung (z. B. auf Wetterseiten von außen oder in Bädern von innen) führt jedoch zu Bauschäden und muß durch Dampfsperren verhindert werden. Beim Einbau dürfen Dampfsperren nicht beschädigt werden.

Digitale Regelungssysteme
Digitale Regelungssysteme von Wolf passen für alle Wolf Öl- und Gasheizkessel und sind einfach und schnell installiert. Die Regelung kann sofort nach Installation in Betrieb gehen, denn acht Standard-Steuerprogramme sind bereits vorgegeben. Zusätzlich kann der Hausherr die Regelung nach eigenen Wünschen programmieren. Der integrierte Jahreskalender reicht bis ins Jahr 2030, die Umstellung auf Sommer-/Winterzeit und bei Schaltjahren erfolgt automatisch. Eine Energie-Sparautomatik und Optimierungsfunktionen gewährleisten wirtschaftlichen Energieeinsatz. Obwohl die digitale Regelung von Wolf eine Vielzahl an Funktionen bietet, bleibt sie einfach zu bedienen. Besonders komfortabel ist die Fernbedienung, die als Zubehör erhältlich ist. → Wolf

Dilatation
Dilatationsvorgänge, also Ausdehnungs- und Schrumpfbewegungen von Bauteilen, sind materialspezifische, natürliche Vorgänge, die durch dafür vorgesehene Dehnungsfugen ausgeglichen werden.

DIN
Deutsche Industrie-Norm. Wie in anderen Bereichen setzt sie auch in der Bauindustrie Maße, Qualitäten, Ausführungen, Belastbarkeiten u. ä. fest. Bauleistungen und Lieferungen werden an ihr ausgerichtet; der Bauaufsicht dient sie als verbindliche Bewertungsgrundlage.

Disagio
→ Damnum

Dispens
Auf Antrag kann die Baubehörde den Bauherrn von einzelnen Vorschriften befreien. Eine → Bauanfrage verschafft Klarheit über die Möglichkeiten. Man unterscheidet Befreiungen von zwingenden Vorschriften und Ausnahmen von Regel- oder Sollvorschriften.

Dispersion
Flüssigkeiten, in denen die einzelnen Bestandteile keine homogene Verbindung eingehen, sondern feinstverteilt getrennt bleiben. Sie müssen daher in der Regel vor der Verarbeitung durch Rühren oder Schütteln wieder neu gemischt werden. Suspensionen bestehen aus festen und flüssigen Stoffen (Dispersionsfarben), Emulsionen aus zwei Flüssigkeiten (beispielsweise Wasser und Öl).

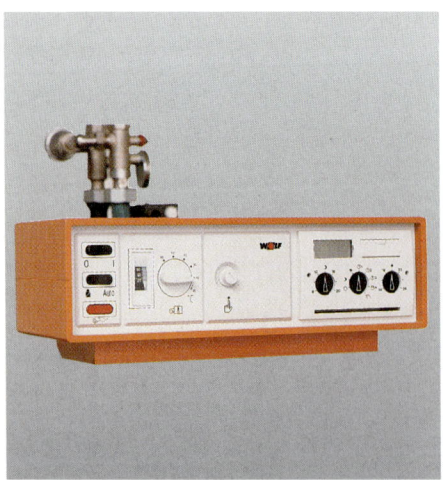

Die neue digitale Regelung: R 19/R 33 DigiComfort. Schnell installiert, sofort funktionsfähig und einfach zu bedienen. *Wolf*

Duroplaste

Dörken
Ewald Dörken AG, Wetterstraße 58, D-58313 Herdecke, Tel.: 0 23 30/63-1, Fax: 0 23 30/63-33 0. Angebote: → Dachstockausbau, → Dränagesysteme, → Grundmauerschutz, → Unterspannbahnen.

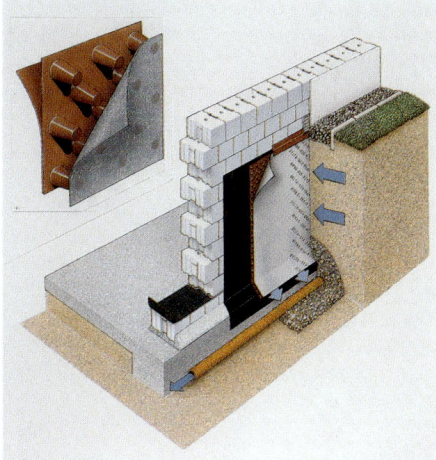

Die Kombination aus Flächen- und Ringdränage gegen Wasserstaus an Außenwänden. *Dörken*

Dränagesysteme
Erhöhter Sickerwasseranfall kann z. B. bei Häusern in Hanglage auftreten. Wirksame Dränagen verhindern dann, daß sich drückendes Wasser vor der Kellerwand staut. Zu einem Dränagesystem gehört eine Flächendränage, die das Wasser nach unten leitet, und eine Ringdränage, die es vom Gebäude wegführt. Mit kombinierten Grundmauerschutz- und Dränagebahnen wie der Doppel-Noppenbahn Delta-Drain oder der Grundmauerschutzbahn Delta-Geo-Drain, die speziell für Dickbeschichtung geeignet ist, lassen sich Flächendränagen besonders wirtschaftlich herstellen.
→ Dörken

Druckminderer
Ist der bereitgestellte Druck in den Wasserleitungen eines Gebäudes zu hoch, so kann er durch die Installation eines solchen Ventils verringert werden. Dies kann zur geräuscharmen Bedienbarkeit, z. B. von Druckspülern an WCs, nötig sein.

Druckspeicher
Zur Erwärmung von Trinkwasser eingesetzte Stahlbehälter mit ca. 5 atü Innendruck, die eine oder mehrere Zapfstellen versorgen können. Der Strombedarf liegt bei 16 kW, je nach gewünschter Wassertemperatur. Durch ihre Speicherleistung von ca. 100 l ist ihr Platzbedarf ungleich größer als der von → Durchlauferhitzern.

Dübel
Mit ihnen befestigt man Elektroinstallationen, Fassaden, Sanitäreinrichtungen, Möbel, Verschalungen u. a. m. an Bauteilen aller Art. Massive Baustoffe (z. B. verputztes Mauerwerk) erfordern Spreizdübel, in dünnen Platten und Hohlsteinen kommen Kipp- oder Durchsteckdübel zum Einsatz. Meist sind stabile Kunststoffdübel ausreichend, nur Schwerlasten müssen vor allem in harten Baustoffen mit Metalldübeln gesichert werden.

Durchlauferhitzer
Geräte zur Erwärmung von Trinkwasser. Sie werden je nach Energiequelle in elektro-, gas- und heizölbefeuerte Durchlauferhitzer unterschieden. Ihr Vorteil gegenüber → Druckspeichern liegt in der ständigen und unbegrenzten Verfügbarkeit warmen Wassers, ihr Nachteil im vergleichsweise hohen Energiebedarf (um die 20 kW bei Elektrogeräten). Gas-Durchlauferhitzer werden vom Heizkessel der Zentralheizung mitversorgt.

Duroplaste
Kunststoffmaterialien, deren Nachbearbeitung eingeschränkt ist. Thermoplaste lassen sich auch nach der Produktion formen

Duscholux

oder schweißen, Duroplaste sind dann bereits vollständig ausgehärtet. Glasfaserpolyester, Preßstücke aus Melamin und Phenol sowie deren Verbindungen mit → Sperrholz und → Spanplatten sind typische Produkte aus Duroplaste.

Duscholux
D+S Sanitärprodukte GmbH, Postfach 1163, D-69191 Schriesheim, Tel.: 0 62 03/ 1 02-0, Fax: 0 62 03/10 23 90. Angebote: → Duschwand, → Spiegelschrank, → Wannen, → Waschtisch, → Whirlpool.

Duschwand
Die Duschabtrennung hat sich schon lange von ihrem Ruf als Luxusartikel im Vergleich zum Duschvorhang gelöst. Sie ist als optimale Lösung gegen Überschwemmungen im Bad etabliert und bietet neben dem ästhetischen Eindruck einen hohen praktischen Nutzen durch komfortable Einstiegsmöglichkeiten und eine sehr gute hygienische Handhabung. Designmaßstäbe setzen z. B. Produkte mit Einscheibensicherheitsglas (ESG), welche mit wenigen Aluminiumprofilen ein modernes, transparentes Ambiente im Bad schaffen und zudem mit neuen Glasbeschichtungen (CLEARtec) sehr reinigungsfreundlich sind. Aber auch Sicherheitskunststoffglas ist immer eine gute Lösung in Ihrem Bad. Duschwände gibt es für jeden Geschmack in vielen Formen und Farben, mit unterschiedlichsten Türmechanismen. Die Auswahl aus Schwing-, Dreh-, Falt- und Gleittüren sowie türlosen Labyrinthzugängen bietet die Lösung für jede Badsituation. → Duscholux

Eckschutzschienen
Profile, die gefährdete Ecken und Kanten vor mechanischer Beschädigung schützen. Man setzt sie vor dem Verputzen ein, jedoch ist auch eine nachträgliche Montage möglich. Als Material wird meist → Stahl oder → Aluminium angeboten.

Edelstahl
Bezeichnung für hochwertige Stahllegierungen. Edelstahl ist auch ohne spezielle Oberflächenbehandlung (→ Anstriche, Beschichtungen) korrosionsbeständig, aufgrund aufwendiger Produktionsverfahren jedoch ziemlich teuer, so daß sein Einsatz als Baustoff wohlüberlegt sein will. Kleinere Bauteile werden gern aus dekorativen oder praktischen Gründen in Edelstahl ausgeführt (→ Treppengeländer, Beschläge, Profilleisten, Spültische etc.).

Effektivzins
Er besagt, wieviel ein → Darlehen tatsächlich kostet. Beim Effektivzins müssen durch den Kredit entstandene Kosten wie Darlehensgebühr, Bearbeitungskosten oder → Damnum eingerechnet sein. Dadurch liegt er immer über dem Nominalzins. Der Gesetzgeber macht die Angabe des effektiven Jahreszinses zur Pflicht. Bei Darlehen, bei denen der Zinssatz nicht für die gesamte

Das schlanke, ellipsenförmige Profilsystem ist besonders pflegeleicht und verleiht dieser Rundduschwand zeitlose Eleganz (Magic Round). *Duscholux*

einsumpfen

Laufzeit festgelegt ist, muß der anfängliche effektive Jahreszins angegeben werden.

Eigenheimzulage
Eigenheimbesitzer, die den Bauantrag für ihre Immobilie nach dem 31. Dezember 1995 gestellt bzw. den Kaufvertrag unterschrieben haben, werden nach dem Eigenheimzulagengesetz gefördert. Die staatliche Förderung bei neuen Objekten beträgt acht Jahre lang bis zu DM 5.000,- Bauzulage pro Jahr. Beim Kauf eines Altbaus wird der Immobilienerwerber mit bis zu DM 2.500,- bzw. 2,5 % der Bemessungsgrundlage (höchstens DM 100.000,-) gefördert. Darüber hinaus erhalten Familien mit Kindern während des achtjährigen Förderzeitraums DM 1.500,- pro Kind und Jahr Kinderzulage. Finanzierungskosten, die vor dem Einzug entstanden sind, werden pauschal mit DM 3.500,- steuerlich berücksichtigt. Außerdem dürfen Erwerber eines Altbaus (Immobilie beim Kauf älter als 2 Jahre) höchstens DM 22.500,- für Instandhaltungs- und Modernisierungsausgaben als Vorkosten geltend machen.

Eigenkapitalsparen
Ein Sparvertrag auf Raten, dem mehrere Jahre lang monatlich gleichbleibende Beträge zukommen. Nach Ende der Laufzeit zahlt das Geldinstitut einen Bonus auf die Einlagen.

Eigenleistung
Neben den → Eigenmitteln ist dies der Wert der vom Bauherrn beigesteuerten Baustoffe, der Arbeits- und Sachleistungen und der Selbsthilfe. Sie ist Bestandteil des → Finanzierungsplans.

Eigenmittel
Um den Kreditbedarf zu ermitteln, wird im → Finanzierungsplan zunächst alles zusammengestellt, was an Barmitteln vohanden ist oder für das Bauvorhaben kapitalisiert werden kann. Dazu zählen Spar- und Bausparguthaben, Wertpapiere, Lebensversicherungen sowie der Wert des Baugrundstücks oder von Verwandten gewährte zins- und tilgungsfreie Zuschüsse.

Einheitswert
Der Wert von Grundstück und Gebäude in bezug auf den 1. Januar 1964. Später erworbene Immobilien werden im Wert auf diesen Zeitpunkt zurückgerechnet. Der Einheitswert wird behördlich festgesetzt und dient als Grundlage für die Erhebung der → Grundsteuer. Beim Verschenken oder Vererben von Immobilien wird der Einheitswert als steuerliche Bemessungsgrundlage rückwirkend zum 1. Januar 1996 durch das Ertragswertverfahren ersetzt.

Einliegerwohnung
Bezeichnungen für Wohnungen in Eigenheimen, insbesondere in Dach- oder Kellergeschossen, die nicht vom Eigentümer selbst, sondern von einem Mieter genutzt werden. Sie besitzen häufig einen eigenen Zugang. Für diesen Teil des Gebäudes gelten die steuerlichen Bestimmungen für vermietetes Wohneigentum. Durch steuerliche Vorteile tragen sie zur Finanzierung eines Bauvorhabens bei.

einschalen
Vor dem Abbinden wird Beton in eine → Schalung eingebracht, die seine endgültige Form bestimmt. Hierzu benutzt man Bretter oder Schalungstafeln, die bei Sichtbetonbauweise gleichzeitig die Struktur der fertigen Oberfläche prägen. Da das Einschalen ein aufwendiger Vorgang ist, sollte man den Einsatz von Betonfertigteilen, Schalungssteinen oder einer verlorenen Schalung erwägen.

einsumpfen
Ein Vorgang beim Anmischen von → Mörtel. Einsumpfen ist die breiartige Aufbereitung von Baukalk durch Hinzufügen von Wasser.

Einzelheizung

Gibt man dieser Mischung Sand bei, entsteht der → Mörtel.

Einzelheizung
Alle konventionellen Ofenheizungen sind Einzelheizungen. Sie werden mit Gas, Holz, Kohle, Öl oder Strom betrieben. Auch Kleingeräte wie Heizstrahler oder Heizlüfter fallen in diese Kategorie. Der Vorteil von Einzelheizungen liegt in ihrer einfachen und preisgünstigen Installation. Verwendet man Brennstoffe, so ist in den beheizten Räumen auf eine ausreichende Luftzufuhr zu achten.

Elektroinstallation
Bezeichnung für die zur Stromversorgung benötigten Einrichtungen. Dies sind zunächst die Zuleitung aus dem Ortsnetz und der Zählerschrank, des weiteren Steigleitungsrohre, Panzerrohre im Boden, biegsame Unterputzkabel, Verteilerdosen, Lichtschalter, → Steckdosen etc. Der Sicherheit dienen Überlastungssicherungen am Zähler sowie besondere Einrichtungen für Naßräume. Außerdem kommen die VDE-Vorschriften sowie verschiedene DIN-Normen (18012 – 18015, 18382/3) zur Anwendung.

Eloxierung
Ein spezielles Oxidationsverfahren, mit dem man Aluminiumbauteile widerstandsfähig machen und farblich gestalten kann. Eloxiertes Aluminium ist abriebfest, witterungsbeständig und dauerhaft dicht. Die Farbpalette umfaßt silberne, bronzene, bläuliche, gelbliche, grünliche, rötliche und schwarze Töne.

Engobe
Dachpfannen und → Klinker können vor dem Brennen mit diesem feingekörnten Tonmaterial überzogen werden, um ihnen damit eine witterungsbeständige Farbe zu geben.

Erhöhung
Die → Bausparsumme kann auf Antrag des Bausparers auch nach Vertragsbeginn erhöht werden. Dazu muß die Zustimmung der Bausparkasse eingeholt werden. Dies ist empfehlenswert, wenn flüssige Geldmittel verfügbar sind und die Finanzierungskosten höher ausfallen könnten als geplant. Steuerlich gesehen ist der Betrag, um den erhöht wurde, ein neuer Bausparvertrag.

Estrich
Im Innenausbau über dem Bodenunterbau aufgetragene Schicht aus Zement, → Gips oder → Gußasphalt, wobei bei Zementestrichen lange Trocknungszeiten (bis zu zwei Wochen) einkalkuliert werden müssen. In Nebenräumen kann der Estrich gleichzeitig Bodenbelag sein, sonst bildet er die Trägerschicht für → Fliesen, Parkett, Teppichböden etc. Eine zusätzliche Wärme- und Schalldämmung kann durch sogenannte schwimmende Estriche erreicht werden, die mit Dämmstoffen aus Faserplatten unterlegt sind.

Estrichzusätze
Sie können verschiedene Funktionen haben: Estrich elastischer zu machen, die Abbindezeit zu verringern oder die Baufeuchte zu reduzieren. Entsprechend ihrer unterschiedlichen Funktionen und Einsatzgebiete bestehen sie aus Bitumen, Abbindebeschleuniger und → Betonverflüssigern.

Etagenheizung
In mehrstöckigen Häusern zur Beheizung von nur einer Geschoßfläche bzw. Wohnung eingesetztes Heizungssystem. Hierfür können gasbetriebene → Durchlauferhitzer, Herdkessel oder Warmluftheizungen verwendet werden. Umwälzanlagen verteilen die Wärme gleichmäßig auf die einzelnen Räume.

WELT-NEUHEIT

Starker Abtrag, selbst wenn's eng wird: der Varioschleifer von Bosch.

Watt. Bandabmessungen 40 x 303 mm.

eg mit der Farbe. Weg mit dem Lack. Her dem Profi fürs Renovieren und Restaurie- . Der neue Varioschleifer von Bosch garan- t immer starken Abtrag. Besonders an wer zugänglichen Stellen und auf kleinen chen. Mehr Infos beim Fachhändler, im Internet – http://www.bosch-pt.de – oder unter der Servicenummer 01 80 - 3 33 57 99.

BOSCH

Genial einfach. Einfach genial.

expandieren

expandieren
Um leichte, lufteinschließende oder poröse Baustoffe zu erhalten, werden die Grundmaterialien erhitzt oder, bei Porenbeton, mit Luftporenbildnern versetzt. Dadurch erhöhen sie ihr Volumen, sie expandieren. Hartschaum, → Blähton und ähnliche Materialien entstehen auf diese Art.

extrudieren
Ein maschinelles Strangpreßverfahren, das zur Herstellung von Dachziegeln und Profilen aus Metall oder Kunststoff dient. Tür- und Fensterrahmenprofile, → Handläufe, Dichtungsleisten etc. werden so produziert.

Schäden an der Fassade des Fachwerkhauses werden durch einen hochwertigen Anstrich verhindert. Beeck

Fachwerk
Ein im Holzbau verwendetes Gerippe mit tragender Funktion. Die zwischen den Pfosten und Streben (→ Strebenfachwerk) entstehenden Aussparungen werden mit nicht tragendem Mauerwerk ausgefacht (→ Ausfachung). Heute wird die Fachwerktechnik nur noch bei denkmalpflegerischen Sanierungsarbeiten und im Rahmen- und Holzskelettbau bei Fertighauskonstruktionen (→ Fertighaus) angewandt.

Falltüren
Sie können anstelle von Türen und Trennwänden als → Raumteiler eingesetzt werden und haben bei geringem Platzbedarf gegenüber Schiebetüren den Vorteil der einfacheren, auch nachträglichen Montage. Falltüren bestehen aus Holz- oder Aluminiumlamellen, die durch Scharniere verbunden und in eine Laufschiene eingehängt werden (Besonders breite Konstruktionen stabilisiert man mit einer zusätzlichen Bodenschiene). Die Lamellenoberflächen können durch Beschichtungen aus Furnier, Kunstleder oder Textilien dekorativ gestaltet werden.

Falzdichtung
Besonders Türen und Fenster in → Stahl- oder → Aluminiumausführung versieht man mit Gummi- oder Schaumstoffprofilen, damit ein weiches Schließen gewährleistet ist. Aber auch an Holz- oder Kunststofffenstern und -türen sind solche eingenuteten oder eingefrästen Dichtungsprofile empfehlenswert, da die Wärme- und Schalldämmung hiermit deutlich verbessert werden kann.

Faserkitt
Herkömmliche → Kitte neigen, bedingt durch Austrocknungs- und → Dilatationsvorgänge, häufig zur → Rißbildung. In Faserkitt ist der → Spachtelmasse eine Mischung aus Faserstoffen (oft → Asbest) beigegeben, die diese Prozesse unterbindet.

Faserzement
Asbestfreie Faserzementteile bieten eine Alternative zu den bei Abrieb gesundheitsschädlichen (unversiegelten) Asbestzementelementen. Sie sind unbrennbar, gegen mechanische Beanspruchung unempfindlich und wetterfest. Der Anwen-

HANSA
FÜRS
LEBEN

HANSARONDA – FORMVOLLENDET, WIRTSCHAFTLICH, VIELSEITIG.

Wenn für Sie nur das Beste gut genug ist – HANSARONDA Einhandmischer, der Design-Klassiker von HANSA in neuer, abgesofteter Form. Anspruchsvollen Komfort mit einem Plus an Wirtschaftlichkeit: Durch ihr technisch perfektioniertes Innenleben mit aktivierbarer Heißwassersperre genießen Sie mit HANSARONDA konsequenten Schutz vor Verbrühungen. Mit der integrierten Wasserbremse können Sie Ihren Wasser- und Energieverbrauch ganz bewußt reduzieren. HANSARONDA erhalten Sie in vielen Oberflächen-Variationen und zum ersten Mal auch in einer Bicolor-Ausführung mit echter Gold-Auflage. Lassen Sie sich verführen – HANSARONDA.

Mehr Informationen bei Ihrem Sanitär-Installateur oder direkt von HANSA.

HANSA Metallwerke AG
Sigmaringer Str. 107
70567 Stuttgart
Telefon 07 11/16 14-0
Telefax 07 11/16 14-368

HANSA
Sicherheit einer großen Marke

Feder

dungsbereich reicht von Außenverkleidungen und Untergrundkonstruktionen für Dacheindekkungen über Luft- und Wasserrohrsysteme sowie Trennwand- und Dekkenkonstruktionen bis hin zu Pflanztrögen für die Außenanlagen.

Feder
Federn nennt man die erhabenen Teile einer Nut- und Federverbindung. Diese Konstruktionsweise kommt insbesondere bei Holzbauteilen, die als Fläche verarbeitet werden, zum Einsatz: also vorwiegend bei Dielen, Parkett, → Vertäfelungen, Paneelen und Unterböden. Federn werden angefräst und lose mit den Nuten verfugt oder eingeleimt.

Fenstersturz
→ Sturz

Fenstertür
Fenstertüren erlauben den Zugang zu Wintergärten, Terrassen und Balkonen. Bei der Verglasung wird Isolierglas verwendet. Schutz gegen eindringende Feuchtigkeit durch Schnee oder Regen bieten Hebetüren und → Regenschutzschienen. Verschließbare → Beschläge und → Rolläden sichern gegen Einbruch.

Fensterventilatoren
Räume mit hohem Feuchtigkeitsaufkommen (Küche, Bad u. a.) können mit Fensterventilatoren ohne größeren Wärmeverlust oder Lärmbelästigung belüftet werden, ohne daß ein Fenster geöffnet werden muß. Sinnvoll ist der Einbau immer dann, wenn die Belüftung auch während der Abwesenheit der Bewohner dauerhaft und zuverlässig erfolgen soll.

Fernheizung
Vom Fernheizwerk wird über Ringleitungen heißes Wasser entweder direkt ins Haus geleitet oder über Wärmeaustauschanlagen übertragen. Heißes Wasser der Fernheizung kann auch den Warmwasserspeicher der Versorgungsanlage für warmes Wasser beheizen. Der Energieverlust bei Fernheizungssystemen ist hoch. Energiefachberater helfen bei der Suche nach dem jeweils günstigsten Heizungssystem.

Fertigbauelemente
Von der Industrie gefertigte Elemente für den Fertigbau, beispielsweise in Holztafelbauweise, garantieren immer gleichbleibende, hohe Qualität (Güteklassen). Mit Fertigbauelementen (Trockenbauweise) ist schnelles und damit besonders preisgünstiges Bauen möglich.

Fertigbauweise
Die Firma SchwörerHaus mit bisher über 20.000 gebauten Einfamilienhäusern ist bekannt für modernen, innovativen Hausbau in Holztafelbauweise. Der gesunde Werkstoff Holz, der hohe Vorfertigungsgrad im Werk (Trockenbauweise) und die serienmäßig eingebaute Frischluft/Wärme-Gewinn-Technik und die Thermo-Solaranlage (wofür die Firma mit dem Europäischen

Alle Schwörer-Häuser werden aus dem natürlichen Baustoff Holz gebaut. *Schwörer*

Spitzentechnik muß nicht teuer sein

Seit Jahrzehnten entwickeln und produzieren wir Heizkessel und Heizsysteme mit innovativer Spitzentechnik. Aus dieser jahrelangen Erfahrung heraus entstand unser preisattraktives BasisProgramm. Umgekehrt geht's eben nicht. So können wir heute für jeden Bedarf preislich attraktive Heiztechnik bieten. Wie zum Beispiel der abgebildete Niedertemperatur-Heizkessel Litola. Ideal für zeitgemäßes und komfortables Heizen mit Gas. Ausgereifte Technik garantiert einen zuverlässigen, energiesparenden und umweltschonenden Betrieb. Daß die Anforderungen des Umweltzeichens „Blauer Engel" unterschritten werden, ist bei dieser Spitzentechnik doch selbstverständlich. Ebenso wie der attraktive Preis. Fragen Sie Ihren Heizungsfachbetrieb.

neu

Viessmann Heiztechnik günstig finanzieren,
ab *3,99 %*
effektiven Jahreszins
Ohne Anzahlung – direkt bei Ihrem Heizungsfachbetrieb.

VIESSMANN
Heiztechnik

Festgeld-Anlage

Solarpreis 1996 ausgezeichnet wurde) machen Schwörer Wärme-Gewinn-Häuser zu Niedrigenergiehäusern und sorgen für ein angenehmes Wohnklima. Die Firma SchwörerHaus bietet:
– qualitativ hochwertige Ausstattung
– ausgezeichneten Schallschutz (54 db) und eine massive Wärmedämmung bei den Außenwänden
– den paßgenauen zweischaligen Keller aus eigener Produktion
– 30 Jahre Garantie auf die Grundkonstruktion. → SchwörerHaus

Festgeld-Anlage
Geldanlage zum Festzinssatz für Einlagen ab DM 5.000,- mit einer Mindestlaufzeit von 30 Tagen.

Fertighaus
Fingerhut Haus GmbH – ein Name steht für Tradition und handwerkliche Spitzenleistung. Über 90 Jahre Bautradition und Erfahrung – eine starke Leistung, die Sicherheit für den Bauherrn bringt! Made by Fingerhut – ein Qualitätsversprechen, mit dem die Fingerhut Haus GmbH das Anliegen des Bauherrn zu ihrem eigenen macht: Kein Fingerhut-Haus ist von der Stange, sondern ein jedes maßgeschneidert, ganz individuell, eben nach Plänen und Vorstellungen der Kunden. Die regelmäßige Prüfung durch die Verbände Bundesverband Deutscher Fertigbau (BDF), Qualitätsgemeinschaft Deutscher Fertigbau e. V. (QDF) sowie der Bundesgütegemeinschaft Montagebau und Fertighäuser und Gütegemeinschaft Fertigkeller e. V. (mit RAL-Gütezeichen) ist für den Bauherrn ein weiterer Beweis dafür, daß sein Haus durch handwerkliche Spitzenleistung und mit qualitativ hochwertigen, gütegeprüften Materialien erstellt wurde. Aber auch preiswerte Typenhäuser sucht man im Leistungsspektrum der Fingerhut Haus GmbH nicht vergeblich: Super geeignet für junge Familien: Hier bietet das Unternehmen ideale Einsteiger-Häuser an – als Ausbau- oder Mitbauhaus. Ganz nach Wunsch und Portemonnaie. Wertbeständig für Generationen. Eben ein Fingerhut-Haus.
→ Fingerhut Haus

Fertighäuser stehen für hochwertige Materialien und handwerkliche Spitzenleistung. Fingerhut Haus

Festhypotheken
Im Gegensatz zu anderen → Hypotheken wird das → Darlehen nicht in kleineren Raten zurückgezahlt, sondern die Schuld in einem Betrag zu einem vereinbarten Termin getilgt.

Festpreise
Unternehmer können individuell geplante oder → Fertighäuser zu einem festgesetzten, nicht veränderlichen Festpreis anbieten. Der Vorteil für den Bauherrn liegt darin, daß er das Risiko von steigenden Material- und Personalkosten nicht tragen muß. Es ist aber unbedingt darauf zu achten, welche Leistungen laut → Baubeschreibung erbracht werden, bzw. welche Nebenkosten, die erheblich sein können, nicht enthalten sind. Es wird davon abgeraten, den Fest-

Fingerhut Haus

preis zeitlich zu befristen, denn die Einhaltung der Bautermine liegt oft nicht in der Hand des Bauherrn.

Festzins
Zinssatz, der für eine bestimmte, fest vereinbarte Laufzeit des Darlehens unverändert bleibt (z. B. 5 oder 10 Jahre). Einen festen Zinssatz sollte der Bauherr insbesondere bei einem niedrigen Zinsniveau wählen, um sich die günstigen Konditionen möglichst langfristig zu sichern.

Feuchtigkeitswarngerät
Sicherungsmöglichkeit gegen Schäden bei Überschwemmungsgefahr wegen ansteigendem Grundwasser, schadhafter Waschmaschine o. ä.; Licht- oder Hupsignale warnen, Relais schalten Pumpen ein oder sperren die Wasserleitung ab.

Feuerschutz
Beim Bau verwendete Werkstoffe teilt man nach ihren feuerschützenden Eigenschaften nach DIN 4102 in brennbare und nicht brennbare Stoffe ein. Feuerhemmende Baumaterialien haben eine Feuerwiderstandsdauer von 30–60 Minuten, feuerbeständige 90–120 Minuten. Hoch feuerbeständige Stoffe brennen erst nach drei Stunden. Besondere Ansprüche werden an Brandmauern gestellt, die feuerbeständig, nicht verformbar und immer tragfähig bleiben müssen.

Feuerschutztüren und -klappen
Nach → DIN ist bei Brennstofflagerräumen, bei Öl- und Heizungskellern, bei Brandmauerdurchbrüchen, bei der Verbindung von Garage und Haus sowie bei Speichern der Einbau von Feuerschutztüren und -klappen vorgeschrieben. Die → DIN regelt die geforderten Materialien zur Versteifung und Füllung wie auch die Materialstärken. Feuerschutztüren sind immer mit drei Bändern ausgestattet und müssen selbsttätig über eine Feder oder einen automatischen Türschließer schließen.

Filigrandecken
Wellenförmige bzw. kreuzweise angeordnete Stahlprofile bilden den Deckenträger, dessen Hohlräume mit Hohlsteinen ausgefüllt werden. Die Deckenstärke richtet sich nach der Spannweite und der zu erwartenden Belastung.

Filter
Geräte, die zur Reinigung oder Aufbereitung von Brauch- oder Heizungswasser dienen. Filter schützen vor zu starken Kalkablagerungen und Korrosionsschäden. Unerläßlich sind Filteranlagen für Schwimmbecken. Mit einer Umwälzpumpe wird das Wasser aus den Überlaufrinnen oder aus dem → Skimmer abgesaugt und gereinigt.

Finanzierung aus einer Hand
Der Vorteil dabei ist, daß der Bauherr nur einen Ansprechpartner hat, der alle Finanzierungsmittel bereitstellt und so die Finanzierung seines Bauvorhabens koordiniert. Hierbei können auch verschiedene Finanzierungsarten einbezogen werden.

Finanzierungsplan
Ein wesentlicher Faktor beim Bau eines Eigenheims ist der Finanzierungsplan. Mit seiner Hilfe stellt der Bauherr fest, wieviel Geld über einen festgelegten Zeitraum zur Verfügung steht. Die Hausplanung muß mit der Finanzierung abgestimmt werden. Der Finanzierungsplan listet alle verfügbaren → Eigenmittel, → Fremdmittel, Tilgungsbedingungen und Zinszahlungen auf.

Fingerhut Haus
Fingerhut Haus GmbH, Hauptstraße 46, 57520 Neunkhausen/Ww., Tel.: 02661/9564-20, Fax: 02661/9564-64. Angebote: → Ausbauhäuser, → Fertighaus, → Keller, → Schlüsselfertig.

Flachdachaufbau

Flachdachaufbau
Bei einem Flachdach sind folgende Punkte für die Dichtigkeit entscheidend: Beim zweischaligen Dach sorgen abstandhaltende Bauteile dafür, daß Luft zirkulieren kann und Platz für etwa 5 cm dicke Dämmstoffe bleibt. Der obere Teil des Dachs wird mindestens 5 cm über der Dämmung angebracht und mit Bitumenbahnen oder Folien abgedichtet. Öffnungen sorgen für Luftaustausch und dafür, daß Dämpfe entweichen können. Der Aufbau des einschaligen Daches besteht über der Decke aus der Dampfsperre, einer Dämmung und den verschweißten Bitumenbahnen oder Folien. Ist das Flachdach nicht begehbar, wird eine Bekiesung aufgebracht.

Flachheizkörper
Alternativ zu den herkömmlichen Rippenheizkörpern bietet die Industrie flachere, optisch ansprechende Plattenheizkörper, Plattenkonvektorheizkörper (Konvektor), Lamellen- und Röhrenheizkörper an. Die Verringerung der Heizkörperoberfläche erfordert entsprechend größere Heizkörper.

Flächennutzungsplan
Der Flächennutzungsplan stellt die geplante Nutzung eines → Baugebiets fest und ist damit eine Vorbereitung für den Bebauungsplan. Für den Bauherrn ist von Interesse, ob er sein Bauvorhaben auf dem betreffenden Grund verwirklichen darf.

Fliesen
Fliesen sind Marmor-, Keramik-, Glas- oder auch Kunststoffplatten, die sich als Wandverkleidung oder Bodenbelag besonders in Feuchträumen und Küchen eignen. Fliesen aus Kunststoff werden mit geeigneten → Fliesenklebern verklebt, Glasfliesen mit besonderem Glaskitt, Fliesen aus Keramik oder Marmor auf Dünnbettmörtel verlegt. Keramik kann ebenfalls mit speziellen Fliesenklebern befestigt werden. Fliesen für den Außenbereich müssen unbedingt witterungsbeständig sein.

Fliesenkleber
Der Fliesenkleber wird nach Beschaffenheit des Untergrunds ausgewählt, der eben sein muß. Die Dicke des Klebers sollte etwa 5 mm betragen. Für Feuchträume und im Außenbereich darf es → hydraulisch abbindender Mörtel sein, in trockenen Räumen genügt ein Dispersionsfliesenkleber.

Fluate
Putz oder Sichtbeton muß gegen Verwitterung gehärtet und gegen Feuchtigkeit abgedichtet sein. Empfehlenswert ist ein Fluateanstrich, eine farblose Lösung, als Härtemittel.

Fluor
Bei der Verwendung von Holzschutzmitteln, Rostentfernern und Klebstoffen sollte darauf geachtet werden, daß immer an frischer Luft oder bei offenem Fenster gearbeitet

Dieser Rundrohr-Badheizkörper beherrscht das Zusammenspiel von Form und Funktion perfekt. Die sanft gebogenen Rundrohre sind zwischen zwei Senkrechtprofilen angeordnet. *Kermi*

Fugendichtung

wird. Fluor enthaltende Dämpfe können die Schleimhäute reizen.

Flurstück
Im Unterschied zum Grundstück, dessen Größe und mögliche Nutzung im Grundbuch belegt ist, ist die Größe des Flurstücks in den → Katasterbüchern festgehalten.

Formaldehyd
Bei der Herstellung von Spanplatten oft verwendete chemische Substanz, die im Verdacht steht, Krebs zu erregen. Beim Kauf ist darauf zu achten, daß die verwendeten Materialien unbedingt formaldehydfrei sind.

Freiflächenregel
Der → Bebauungsplan enthält auch die Freiflächenregel, in der der Abstand zu den Nachbargebäuden im Bezug zur Höhe und Größe der Gebäude geregelt ist. Sinn dieser Bestimmung ist, daß die einzelnen Gebäude jeweils noch ausreichend Sonnenlicht erhalten.

Freistellungsauftrag
Jeder Sparer und Kapitalanleger kann den Sparerfreibetrag, gemäß dem Kapitaleinkünfte bis zu 6.100 bzw. 12.200 Mark (Ledige/Verheiratete) steuerfrei bleiben, direkt nutzen, in dem er seinem Kreditinstitut einen Freistellungsauftrag erteilt. → Zinsabschlagsteuer

Freistellungserklärung
Jeder Sparer und Kapitalanleger kann den Sparerfreibetrag, gemäß dem Kapitaleinkünfte bis zu DM 6.100,- bzw. DM 12.200,- (Ledige/Verheiratete) steuerfrei bleiben, direkt nutzen, in dem er seinem Kreditinstitut einen Freistellungsauftrag erteilt. → Zinsabschlagsteuer

Fremdmittel
Alle Mittel zur Finanzierung eines Hausbaus, die nicht durch Barmittel, Spar- und Bausparguthaben u. a. (→ Eigenmittel) erbracht werden. Die Höhe der Fremdmittel ist abhängig vom gesamten Finanzierungsbedarf und den tragbaren monatlichen Aufwendungen für Zins und Tilgung.

Frostschäden
Wegen ungenügender Abbindewärme (Abbinden) können bei → Putzen, → Beton und → Mörtel Schäden auftreten. Bei Bauvorhaben in den Wintermonaten sollte darauf geachtet werden, daß diese Arbeiten nur bei Temperaturen über 0 °C durchgeführt werden. In Risse und schlecht abgedichtete Fugen kann Wasser eindringen und beim → Auffrieren Teile von Putz oder Platten absprengen.

Frostschutz
Der Zusatz eines Beschleunigers kann das Abbinden auch bei Minustemperaturen ermöglichen. → Beton und → Mörtel können so ohne Schaden bei Frost erstarren.

Füllbeton
Nicht für tragende Funktionen geeignet.

Füllung
Platten aus Preßspan, → Sperrholz, Gipskarton u. ä., die in die Rahmen für Wand- oder Deckenkonstruktionen und Türen gesetzt werden.

Fugendeckstreifen
Wenn man bei der Außendämmung oder als Träger des Außenputzes → Leichtbauplatten aus Holzwolle bzw. beim Innenausbau → Gipskartonplatten verwendet, müssen die Stoßkanten überdeckt werden. Streifen aus Drahtgeflecht sowie unter Putz (aus Glasfaser) und der Tapete oder dem Anstrich verhindern, daß sich Risse zeigen.

Fugendichtung
Zur Fugendichtung stehen dauerelastische Profile, → Kitte und → Vergußmassen zur Verfügung.

Fundament

Fundament
Zum Fundament zählen die Bauteile, die das Bauwerk sicher tragen und verhindern, daß Erdbewegungen oder → Setzungen Risse im Mauerwerk oder der Konstruktion verursachen. Da Fundamente meist in das Erdreich hineingebaut werden, müssen sie nachhaltig gegen eindringendes → Grundwasser geschützt werden. Fundamente müssen im Boden auf jeden Fall frostfrei, d. h., in unseren Breiten etwa 150 cm tief errichtet sein.

Fundamenterder
Nach DIN 18015, Teil 1, ist für alle Bauwerke ein Fundamenterder einzuplanen. Er schützt das Haus vor Blitzschlag.

Fußböden
Für jeden Raum muß überlegt werden, wie stark der jeweilige Fußboden beansprucht wird und der dafür geeignete Belag ausgewählt werden. Zur Verfügung stehen Holz, → Fliesen, Natur- und Kunststein, Terrazzo, PVC-Beläge, → Linoleum, Teppichbeläge und Spachtelböden aus Polyester. Alle Materialien unterscheiden sich nach ihren Trittschall- und Pflegeeigenschaften.

Fußbodenheizung
Flächenheizung, die besonders in Räumen mit → Fliesen oder Natur- wie auch Kunststeinplatten sinnvoll ist. Die Fußbodenheizung kann durch elektrischen Strom oder durch Anschluß an die Warmwasserheizung betrieben werden. Der Handel bietet hierzu komplette Heizflächenelemente an, die in vorgefertigte Halterungen eingelegt werden.

Fußleistenheizung
Langgestreckte Heizungsrohre hinter den Fußleisten, die jedoch allein keine befriedigende Heizleistung bieten. Diese Form der Heizungsunterstützung kann bei feuchten Wänden einer Schimmelbildung vorbeugen.

Futter
Die Verkleidung oder → Leibung aus Holz von Türen und Fenstern. Das Futter von Stahltürzargen ist aus gefalztem Stahlblech gefertigt. Um Schallbrücken zwischen den Bauelementen zu vermeiden, werden die Fugen zwischen Mauerwerk und Futter mit Montageschaum abgedichtet.

Garage
Die Ausführung von Abstellräumen für Kraftfahrzeuge muß grundsätzlich der Garagen- bzw. Bauordnung entsprechen. Die Lage ist im Bebauungsplan festgelegt. Je nach Größe des Fahrzeugs empfiehlt sich eine Grundfläche von 270–350 cm Breite und ca. 550 cm Länge. Doppelgaragen sollten um die 550 cm breit sein. Doppelstockgaragen haben einen besonders geringen Grundflächenbedarf, da in ihr zwei Fahrzeuge übereinander Platz finden. Falls die Garage nicht bei der Erstellung des Gebäudes mitgemauert wird, kann sie auch als Beton-Fertiggarage, in Wellblech- oder Faserzementausführung errichtet werden. Zum Wagenwaschen empfiehlt sich ein Bodenablauf, der mit einem Ölabscheider ausgestattet sein muß; für den Winter sollte der Raum beheizbar sein.

Gasheizkessel
Der Rexola-triferral kombiniert zwei Viessmann Entwicklungen, die als Meilensteine der Heiztechnik gelten: Die selbstregelnde, zweischalige Tempcon-Heizfläche aus Guß, Stahl und Silumin® mit dynamisch dosiertem Wärmedurchgang und den MatriX-Strahlungsbrenner für extrem schadstoffarme Verbrennung. Dieser unterschreitet die weltweit schärfsten Emissionsgrenzwerte des Hamburger Förderprogramms erheblich und wurde mit dem deutschen (BDI '94) und europäischen Umweltschutzpreis (EBEAFI '94) ausgezeichnet. Durch die optimierte Wärmetauscherfläche erreicht der

Geländer

Rexola-triferral Gasheizkessel für extrem schadstoffarme Verbrennung. *Viessmann*

Rexola-triferral Norm-Nutzungsgrade bis 94 %. Nenn-Wärmeleistung: 11 bis 29 kW.
→ Viessmann

Gastherme
Neu ist die Gasbrennwert-Therme »Top-Com« von Wolf für die Beheizung von Wohnungen und Häusern mit einer Wohnfläche bis zu 300 Quadratmeter. Mit dem hohen Wirkungsgrad von 108 % erhält der Hausbesitzer eine sparsame und umweltfreundliche Heizzentrale. Die Emissionswerte erfüllen die Anforderungen des »Blauen Engel« und entsprechen bereits der neuen Bundes-Immissionsschutz-Verordnung. Mit der übersichtlichen Regelung ist die Wolf-Top-Com nach dem leicht verständlichen Prinzip eines Küchenherds bedienbar. Die digitale Regelung bietet dabei hohen technischen Komfort. So kann man am »Betriebs-Informations- und Anzeigensystem (BIAS)« auf Knopfdruck den aktuellen Betriebszustand ablesen. Die zweistelligen Ziffern liefern Informationen über Betriebsstunden und Wartungsintervalle. Die Regelung speichert auch solche Betriebsparameter, die Ursache von Störungen gewesen sein könnten. Eine handliche Plastik-Karte mit den Erläuterungen steckt in einem Schubfach in der Regelung. Damit kann der Wohnungsinhaber den Installateur und Heizungsbauer bereits vorab am Telefon gezielt informieren.
→ Wolf

Gehrung
Fuge zweier Bauteile, die beide so angeschnitten wurden, daß sie in einem vorher festgesetzten Winkel, meist 90 Grad, zusammengesetzt werden können. Verbindungen auf Gehrung sind stabiler als auf Stoß gesetzte Konstruktionen.

Geländer
Für alle Treppen, die aus mehr als drei Stufen bestehen, sowie für alle Balkone sind Geländer vorgeschrieben. Die Geländerhöhe ist abhängig von der Etagenhöhe, beträgt aber mindestens 90 cm. Geländersprossen dürfen höchstens 15 cm voneinander entfernt sein. Um unbefugtes Heraufklettern zu unterbinden, darf der Abstand von waagrechten Verkleidungen nicht

Diese Heizthermen und Speicher-Wassererwärmer passen auch in handelsübliche Kücheneinbauschränke.
Wolf

Generalunternehmer

größer als 15 mm sein. Alle nötigen Rost- oder Holzschutzmaßnahmen sollten bereits beim Bau getroffen werden.

Generalunternehmer
Beauftragt der Bauherr nur ein Unternehmen mit der gesamten Planung und Fertigstellung seiner Immobilie, handelt es sich hierbei um einen Generalunternehmer. Dieser vergibt meistens einen Teil seiner Aufgaben an andere Unternehmen. → Subunternehmer.

Gesamtfinanzierung
Bei der Gesamtfinanzierung haben Kreditnehmer den Vorteil, daß sie es nur mit einem Verhandlungspartner zu tun haben, der alle notwendigen Kredite zum Bau zur Verfügung stellt (→ Finanzierung aus einer Hand).

Geschoßflächenzahl
Der Baunutzungsplan einer Gemeinde gibt mit der Geschoßflächenzahl an, wieviel Quadratmeter eine Etage eines Hauses umfassen darf. Dabei wird man die Größe des Grundstücks als Verhältnismaßstab zugrunde legen.

Gewährleistung
Entsprechend der Vorschriften der → VOB muß der Bauunternehmer oder der Handwerker für seine erbrachten Dienstleistungen Garantie gewähren. Nach der Abnahme beginnt eine Zweijahresfrist, innerhalb der Ersatz oder Nachbesserung zu leisten ist. Handelt es sich um einen BGB-Vertrag, beträgt die Gewährleistungszeit bei allen Bauschäden und Planungsfehlern grundsätzlich fünf Jahre.

Giebel
Der Giebel ist der Teil der Fassade beim Satteldach oder vergleichbaren Dächern von der Höhe der → Dachrinnen bis zum Dachfirst. Ist der Dachraum als Wohnbereich eingeplant, können neben Gauben und → Dachflächenfenstern dort auch senkrechte Fenster eingebaut werden.

Gips
Ein aus Gipsstein hergestelltes Bindemittel, das vor allem als Baugips in Kalkputzmörtel, → Stuck und Gipsputz verwendet wird. Bauplatten aus Gips baut man meist als Trennwände und zur Deckengestaltung ein. Vorteilhaft für den Bauherrn sind besonders die zum Trockenausbau geeigneten → Gipskartonplatten.

Gipskartonplatten
Diese Platten werden in Sandwichbauweise hergestellt; zwischen zwei Kartonplatten liegt eine Schicht aus → Gips. Die Gesamtdicke von Gipskartonplatten beträgt 1-1,8 cm. Sie werden zum Verkleiden von Decken und Wänden, vor allem aber zum Dachausbau benutzt. Man kann Gipskartonplatten verkleben, annageln oder anschrauben. Die trockene Bauweise ermöglicht nicht nur eine sehr saubere Verarbeitung. Sie erlaubt auch die Verarbeitung im Winter sowie die

Auch auf engem Raum ermöglichen Leichtbaustoffe eine gelungene Raumaufteilung. *Rigips*

Eine neue Generation geht an den Start.

Neu von WOLF: Gasbrennwerttherme TopCom.

Die neue Gasbrennwerttherme TopCom von Wolf setzt in der Heiztechnik völlig neue Maßstäbe. Sie ist besonders umwelt- und wartungsfreundlich, weil sie extrem sparsam im Energieverbrauch und äußerst einfach zu bedienen ist.

Wollen Sie mehr über Wolf Heiztechnik und die neue Gasbrennwerttherme TopCom wissen? Dann rufen Sie uns an:

0 87 51/74 11 47

oder faxen Sie uns: 0 87 51/74 16 83

WOLF
HeizTech für Menschen

Ein Unternehmen der Preussag

Sandra Völker,
Schwimm-Europa- und
Weltmeisterin

Gipskarton-Verbundplatten

sofortige Weiterbehandlung durch Anstrich oder Tapezieren. Stoßfugen müssen sorgfältig gegen Rißbildung gesichert werden. Vorgefertigte Elemente erlauben ein schnelles und kostensparendes Verbauen. Ein weiterer Vorteil sind die guten Dämmeigenschaften.

Gipskarton-Verbundplatten
Diese Spezialform der → Gipskartonplatte enthält eine Lage aus Hartschaum und ist daher besonders geeignet, wenn eine gute Wärmedämmung erzielt werden muß.

Gipsputz
Putz aus → Gips ist in verschiedenen Mischungen erhältlich. Ohne beigemischten Sand ist Gipsputz besonders für Stuck geeignet. Die Zugabe von Sand erlaubt vorzugsweise die Verwendung als Putz- oder Hartputzgips, aber auch zum Erstellen des → Estrichs. Durch Zugabe von → Kalk entsteht Gipskalkmörtel für Stuck- oder Putzarbeiten.

Gitter
Bauteile aus Metall oder auch Kunststoff, die dazu dienen, → Treppen, Kellerfenster, Schächte und Ablaufrinnen zu sichern. Stabile Metallkonstruktionen sind zu begehen oder gar zu befahren. Feuerverzinkung schützt am nachhaltigsten gegen Korrosion. Kunstvoll geschmiedete Gitter sind als Zierde und wirksamer Einbruchschutz für Fenster zu empfehlen.

Glas
a) Fensterglas wird in einfacher, mittlerer und doppelter Dicke geliefert. Die zu verwendende Glasstärke ermittelt der Fachhändler mit Hilfe einer Tabelle. Beim Kauf sollte man die Oberfläche genau prüfen, denn Schlieren, Blasen, Ziehstreifen, Kratzer oder Wellen mindern die Qualität.
b) Einfaches Sicherheitsglas muß besonders belastbar, d. h., sehr widerstandsfähig gegen Stöße, Schläge und Temperaturschwankungen sowie biegebruchfest sein. Dieses Glas wird bei Glastüren, Glasanbauten und bei → Geländern oder Brüstungen verwendet. Ausgedampfte Metalloxidschichten oder Einfärbungen bieten ausreichenden Sonnenschutz. Bei Bruch der Scheibe bilden sich Krümel, die keine Schnittverletzungen verursachen können.
c) Verbundsicherheitsglas besteht aus zwei oder mehr Scheiben. Diese sind durch besonders elastische Kunstharzschichten verbunden. Die Verbindungsschicht wirkt bei Bruch splitterbindend.
d) Mehrscheibenisolierglas besteht aus mindestens zwei Scheiben, die durch einen Zwischenraum getrennt sind. Dieser Raum ist luftdicht abgeschlossen und bewirkt die ausgezeichneten Wärme- sowie Schalldämmeigenschaften, und verhindert außerdem das Beschlagen der Scheiben von innen (→ Warmglas).
e) Schallschutzglas ist aus unterschiedlich dicken Scheiben zusammengesetzt, der Raum zwischen den Gläsern meist mit einem Gas gefüllt, das die → Dämmung verbessert. Die Qualität der Schalldämmung ist abhängig vom Abstand zweier Glasscheiben und der gesamten Scheibendicke. Für die Auswahl, welches Schallschutzglas für den jeweiligen Zweck geeignet ist, ist zum einen der Lärmpegel, zum anderen die Frequenz entscheidend: Industrie-, Straßen- oder Fluglärm verlangen unterschiedliche Schallschutzgläser. Grundvoraussetzung für einen guten Schallschutz ist auch die fachgerechte Abdichtung der Tür- bzw. Fensterrahmen.
f) Kristallspiegelglas ist aufgrund einer besonders ebenen Oberfläche weitgehend frei von Verzerrung und Reflexion.
g) Drahtspiegelglas enthält eine Drahtarmierung, die bei Bruch die Splitter bindet und einbruchhemmend wirkt. Nur punktverschweißte Gitternetze haben auch eine feuerhemmende Funktion.

Grenzregelung

Auch Türen können mit Glas individuell gestaltet werden.
Moderne Bauelemente

Glasbausteine
Wenn an bestimmten Außenwänden keine Fenster eingebaut werden dürfen, kann aus Glasbausteinen eine Glaswand errichtet werden. Da einfaches Vollglas zum Schwitzen neigt, verwendet man am besten Glasbausteine aus Hohlglas. Diese wirken auch gegen Wärmeverlust und Schall. Zur Lüftung dient ein schwenkbarer Rahmen.

Glasfaser
Glasfaser ist eine aus geschmolzenem → Glas hergestellte Glaswolle mit ausgezeichneten Dämm- und Akustikeigenschaften aufgrund des sehr hohen Luftanteils. Glasfaser wird in Kunststoffen zur Versteifung verwendet, verrottet nicht und dient auch der Armierung von Rissen im Mauerwerk.

Glasfaserverstärkte Kunststoffe
Viele beim Bau verwendete Elemente aus → Duroplasten sind durch Glasfasern verstärkt. Glasfaserverstärkte Kunststoffe sind schlagfest, bruchfest, elastisch, schwer entflammbar sowie beständig gegen Witterungseinflüsse.

Gleitklausel
Eine mögliche Bedingung bei nach der → VOB geordneten Verträgen. Änderungen im Tariflohnsystem oder andere Kostenänderungen erlauben eine Anpassung der Baukosten. Wenn Verträge diese Gleitklausel enthalten, muß dafür gesorgt werden, daß sich die Laufzeit in einem überschaubaren Rahmen hält, da sonst ungeahnte Kostenerhöhungen auftreten können, die eventuell durch den → Finanzierungsplan nicht gedeckt sind.

Gliederheizkörper
Heizkörper mit Rippen aus Gußeisen oder Stahl (→ Radiator).

Granit
Granit ist ein Naturstein, der aufgrund seiner Härte besonders beständig gegen Druck und Witterungseinflüsse ist. Der gut zu schleifende und zu polierende Stein ist in vielen Farbabstufungen erhältlich und wird vorzugsweise für Fassaden und Bodenbeläge verwendet. Beim Verlegen im Außenbereich wird frostsicheres Klebematerial benötigt.

Grenzabstand
Der Grenzabstand bestimmt die Entfernung des Hauses von den Grundstücksgrenzen. Er ist aus dem → BBauG und den Abstandsflächen ersichtlich. Mitbestimmend für den Grenzabstand sind die → Baulinien oder die Zahl der Etagen des Hauses. Grenzabstände sind nicht ländereinheitlich. Sie gelten nicht für Reihen- und Doppelhäuser sowie für in den Grenzabstand reichende Balkone, Vordächer und unterirdische Anlagen. → Bauwich

Grenzregelung
Im → Bebauungsplan kann zur Begradigung von Grundstücksgrenzen der Tausch von Teilen der aneinandergrenzenden Grundstücke vorgesehen sein. Hier muß im eigenen Interesse sichergestellt sein, daß

Grundanstrich

bei einem solchen Tausch niemand benachteiligt wird. Zu achten ist auf die Bodenbeschaffenheit, Einwirkung von Straßenlärm, Zufahrtsmöglichkeiten u. a. m.

Grundanstrich
Bevor der endgültige → Anstrich erfolgt, muß unbehandeltes Material vorgestrichen werden. Poröse und leicht sandende Untergründe werden so verdichtet. Metalle müssen gegen Korrosion vorbehandelt werden.

Grunderwerbskosten
Die Kosten für den Erwerb eines Grundstücks ermitteln sich aus der Summe des Grundstückspreises, der → Grunderwerbssteuer, den Kosten für Makler, Vermessung, Erschließung und Bodenuntersuchung. Dazu addieren sich die Notargebühren für die Beurkundung, die → Auflassung und die Eintragung in das Grundbuch.

Grunderwerbssteuer
Als Grunderwerbssteuer sind 3,5 % des Kaufpreises zu entrichten. Nur in wenigen Fällen tritt eine Ausnahmeregelung in Kraft: wenn der Preis DM 5.000,– nicht übersteigt, das Grundstück vererbt oder verschenkt wird, das Grundstück vom Ehegatten oder einem Verwandten in gerader Linie erworben wird.

Grundflächenzahl GRZ
In der Baunutzungsverordnung ist bestimmt, welcher Teil des betreffenden Grundstücks zur Bebauung freigegeben ist. Zusammen mit der → Geschoßflächenzahl und der vorgeschriebenen Form des Dachs ergibt sich die Bebauungsmöglichkeit des jeweiligen Grundstücks.

Grundmauerschutz
Auch eine ordnungsgemäß ausgeführte Bauwerksabdichtung kann beim Verfüllen der Baugrube beschädigt werden. Durch kleinste Risse dringt dann Feuchtigkeit aus dem Boden in das Mauerwerk. Ein Grundmauerschutz wie zum Beispiel Noppenbahnen verhindern solche mechanischen Verletzungen. Wie eine »Knautschzone« trennen diese besonders druckfesten Kunststoffbahnen das Erdreich von der Grundmauer. Feuchtigkeit wird so bereits vor dem Mauerwerk gestoppt. → Dörken

Eine »Knautschzone« zwischen Erdreich und Fundament.
Dörken

Grundpfandrecht
→ Hypotheken, → Grundschulden und Rentenschulden gehören zu denjenigen Grundpfandrechten, die ein Grundstück belasten können. Zur Aufnahme einer Hypothek dient den Kreditinstituten das Grundstück als Sicherheit. Eine Eintragung erfolgt im Grundbuch.

Grundschuld
Um ein Darlehen zu sichern, kann die Grundschuld als ein → Grundpfandrecht im Grundbuch eingetragen werden. Die Grundschuld wird nur auf besonderen Antrag gelöscht, sie kann also auch ohne aktuelle Ansprüche des etwaigen Kreditgebers bestehen bleiben.

Güteklassen

Grundsteuer
Die Grundsteuer gehört zu den laufenden Ausgaben. Die Grundsteuer wird von der Gemeinde für Grund und Gebäude erhoben und errechnet sich aus dem → Einheitswert multipliziert mit einem Hebesatz, der je nach Gemeinde unterschiedlich hoch ist.

Grundstückswert
Der Preis für ein Grundstück ist im wesentlichen abhängig von der Lage, ob oder inwieweit es erschlossen ist, welche Nutzungsmöglichkeiten es bietet, von der Infrastruktur der Region, wie groß die Belastung durch Schmutz und Lärm ist sowie der Qualität des vorgefundenen Bodens.

Grundwasser
Der Stand des Grundwassers ist von den jeweiligen örtlichen Gegebenheiten und der Beschaffenheit des Bodens abhängig. Im günstigsten Fall befindet sich der Kellerboden eines Gebäudes über dem Grundwasserspiegel, und der Regen kann gut versickern. Effektiven Schutz gegen das Eindringen von Grundwasser in den Kellerbereich bietet eine wannenartige Konstruktion aus Sperrbeton. Die preisgünstigere Lösung aber ist das Auftragen von Baufolien, Bitumenanstrichen oder das Anlegen einer Dränage. Zur nachträglichen Sicherung des Betonfundaments oder des Mauerwerks eignet sich auch Dichtungsschlämme. Sie ist von innen her aufzutragen und schützt gegen eindringende Feuchtigkeit, indem sie selbst die feinsten Hohlräume verschließt.

Gurt
Oberer und unterer Bestandteil eines tragenden Elements. Sie sind durch doppel-T-förmige, U- oder wellenförmige Bauteile miteinander verbunden.

Gußasphalt
Die Gußasphaltmasse ist besonders zäh und widerstandsfähig. Erhitzt kann sie als schwimmender → Estrich aufgebracht und ohne Schwierigkeiten geglättet werden. Beim Erstarren gibt der Gußasphalt keine Feuchtigkeit ab, man kann sofort weiterarbeiten. Durch Gußasphalt wird im Kellerbereich eine ausreichende Wärmedämmung und Schutz gegen eindringende Nässe erreicht.

Gußeisen
Die Vorteile von Gußeisen liegen in der Korrosionsbeständigkeit und der Haltbarkeit. Außerdem kann Gußeisen sehr gut die Temperatur halten und ist deshalb für Heizkörper und → Badewannen, die mit einer Emailleschicht versehen sind, noch immer beliebt. Andere Werkstoffe wie → Stahl und geeignete Kunststoffe verdrängen Gußeisen vor allem im Entwässerungsbereich mehr und mehr.

Gutachterausschuß
Baufachleute, die Grundstücks- und Gebäudewerte schätzen, Schäden an Bauwerken begutachten und den Schaden beziffern sowie strittige Honorarfragen klären können. Die Anschrift des Gutachterausschusses ist bei der jeweiligen Gemeindeverwaltung zu erfahren. Für das Gutachten muß ein verbindlicher Termin festgesetzt werden. Würde dies zu lange dauern, kann man sich von der Industrie- und Handelskammer die Adressen von vereidigten, öffentlich bestellten Sachverständigen geben lassen. Kommt es zum Prozeß, bestellt das Gericht den Sachverständigen.

Güteklassen
Eine Einteilung zur Beurteilung der Qualität eines Bau- oder Werkstoffs. Beim Materialkauf ist es wichtig, auf die nach → DIN-Normen eingeteilten, regelmäßig geprüften und mit einem Gütesiegel versehenen Baustoffe zu achten. Nur dann ist sichergestellt, daß sie auch die für den jeweiligen Bedarf nötige bzw. gewünschte Qualität erhalten.

Haarrisse

Haarrisse
Feine Haarrisse treten meist dann auf, wenn → Putz zu schnell austrocknet. Nur → Anstriche, die mit Fasern verstärkt sind, können diese Risse dauerhaft schließen. Haarrisse sollte man nicht unbehandelt lassen, da sie das Eindringen von Feuchtigkeit ermöglichen und Folgeschäden größere Reparaturen nach sich ziehen.

Haftfähigkeit
Damit → Anstriche und Kleber gut auf dem Untergrund haften, muß dieser gründlich von Schmutz oder Fett gereinigt und mit einem → Grundanstrich versehen sein. Zusätze aus Kunstharz zu → Beton oder → Mörtel verbessern zudem die Haftfähigkeit dieser Baumaterialien.

Haftung
a) → Haftfähigkeit
b) Befriedigung der Ansprüche, die durch mangelhafte Leistungen des Bauunternehmers oder des Handwerkers entstehen (→ Gewährleistung, → Verjährung).

Handlauf
Der Handlauf bildet den oberen Abschluß des → Geländers. Er sollte, vor allem zur Unterstützung von älteren Leuten, gut zu greifen sein.

HANSA Metallwerke AG
HANSA Metallwerke AG, Sigmaringer Str. 107, D-70567 Stuttgart, Tel.: 0711/1614-0, Fax: 0711/1614-458. Hochwertige Armaturen für Bad und Küche: → Spültischarmaturen, → Thermostat-Armaturen, → Wassersparen.

Haustechnik
Die Fa. SchwörerHaus entwickelt ständig neue, innovative und energiesparende Haustechnik. Der Wohnkomfort, das Wohnklima, die gesunde, reine Luft stehen dabei im Vordergrund. Das Schwörer-Haustechnik-Angebot umfaßt: WärmeGewinn-Haus, WärmeGewinnTechnik, Abgas/WärmeGewinnTechnik, Wand/Erdwärmetauscher, Solartechnik, Energiespeicherwand, Regenwassernutzungsanlage, Sicherheitstechnik, das BUS-System.
→ SchwörerHaus

Hebel AG
Hebel AG, Postfach 1353, D-82243 Fürstenfeldbruck, Tel.: 08141/98-0, Fax: 08141/98324. Angebote: → Bausystem für die Althaussanierung, → Porenbeton, → Schlüsselfertige Häuser, → Selbstbau Hebel Haus.

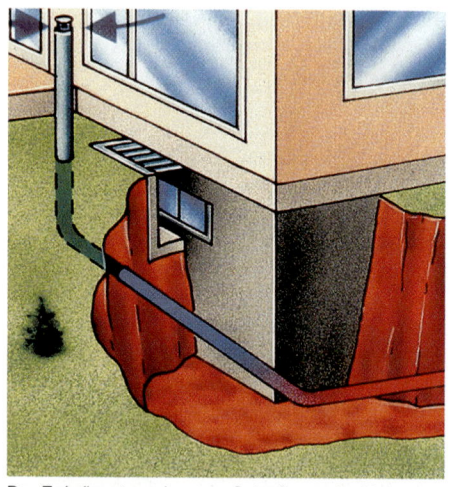

Der Erdwärmetauscher von Schwörer steht für innovative Haustechnik. *Schwörer*

Heidelberger Dämmsysteme
Mittermaierstraße 18, 69115 Heidelberg, Tel.: 06221/5 34-30, Fax: 06221/5 34-4 99. Angebote: → Außenwanddämmung, → Dachdämmung, → Dämmkeil.

Heizkessel
Durch die Vielfalt der Heizkesselangebote findet man für jeden Bedarf das passende Pro-

Heizungsregelung

dukt. Wolf bietet Stahlheiz-, Gußheiz- und Gas-Spezialheizkessel an. Je nach Typ sind sie in mehreren Baugrößen und Leistungsbereichen von 7,5 bis 550 kW erhältlich. Besonders wirtschaftlich arbeiten Wolf Stahl- und Guß-Units. Brenner und Kessel werden bereits im Werk sorgfältig aufeinander abgestimmt, genügen allen Anforderungen einer umweltfreundlichen Heizung und werden mit Blau- oder mit Gelbbrenner geliefert. Stiftung Warentest bewertet den Stahl-Unit NU-1/25 und den Gas-Spezialheizkessel NG-3E/23 mit »Gut«. Alle Unit-Varianten mit Blaubrenner und Geräte der Baureihe NG-3E/NG-3EB unterschreiten deutlich die Grenzwerte des Umweltzeichens »Blauer Engel«. → Wolf

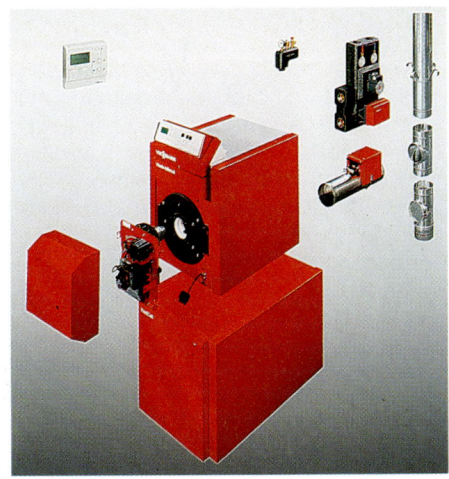

Fortschrittliche Heiztechnik ist Systemtechnik.
Viessmann

Öl/Gas-Heizkessel aus Gußeisen sind korrosionsbeständig und langlebig.
Wolf

Heiztechnik
Viessmann bietet ein umfassendes Programm technologischer Spitzenprodukte: Heizkessel für Öl, Gas und feste Brennstoffe von 7 bis 10.000 kW und die darauf abgestimmten Komponenten der Systemtechnik wie Brenner, Regelungen, Speicher-Wassererwärmer, Wärmetauscher aus Edelstahl, Nebenluftvorrichtungen, Heizkreisverteilungen, Mischer, Sonnenkollektoren und Lüftungssysteme. Das System abgestimmter Komponenten erfüllt die Anforderungen modernster Heiztechnik in puncto Energieeinsparung, Umweltschonung, Komfort und Betriebssicherheit. Diesen Zusammenhang hat Viessmann früh erkannt und umgesetzt. Das Unternehmen gilt als Pionier des Unitgedankens in der Heiztechnik. → Viessmann

Heizungsregelung
Unter dem Oberbegriff Heizungsregelung versteht man die optimale Anpassung der zur Verfügung gestellten Wärme an den aktuellen Bedarf. Als letztes Glied der Kette der Regelungskomponenten dient das Thermostatventil. Ganz am Anfang steht ein Temperaturfühler, der permanent die jeweils herrschende Außentemperatur an die witterungsgeführte Regelung der Wärmeerzeuger (z. B. im Gas- oder Ölkessel oder in der Fernwärmeübergabestation) meldet und so die Temperatur des Heizwassers beeinflußt. Entscheidend ist, daß der Heizungsfachmann optimal aufeinander abgestimmte

Heizzentrale

Thermostatventil am Heizkörper: Dahinter steckt ein ganzes Regelungssystem.   *Danfoss*

Komponenten z. B. von Komplett-Anbietern von Regelungskomponenten wie Danfoss verwendet. → Danfoss

Heizzentrale
Die Euronova-Heizzentrale von ABIG garantiert einen umweltschonenden und wirtschaftlichen Heizbetrieb. Speziell in Verbindung mit dem von ABIG entwickelten »hightech« Gebläsebrenner TWIN-Jet sind Emissionswerte erreichbar, die weit unter den bisher schärfsten europäischen Grenzwerten liegen.→ ABIG

Holzbeize
Wasserlösliche Farbe, die in das Holz eindringt. Sie färbt und kann beinahe jeden Holzton nachahmen. Die Maserung bleibt sichtbar. Zum Schutz der Beize kann das Holz nach dem Trocknen mit Klarlack versehen oder mit Wachs poliert werden.

Holzbeton
Der Zement wird bei Holzbeton mit Sägemehl, Spänen oder Holzwolle vermischt. Die Mischung mit Sägemehl eignet sich für Steinholzestrich, die Verbindung mit Holzspänen für Schalungssteine. Mit Holzwolle stellt man → Leichtbauplatten her.

Holz-Kunststoff-Fenster
Bei dieser Fensterkonstruktion sind die guten Dämmeigenschaften des Holzes und die Pflegeleichtigkeit des Kunststoffs vereinigt. Die Kunststoffummantelung des Holzkerns ist schlagfest, stoßfest und kann gestrichen werden.

Holzschutz
Holz muß im wesentlichen vor Fäulnis und vor Schädlingsbefall geschützt werden.

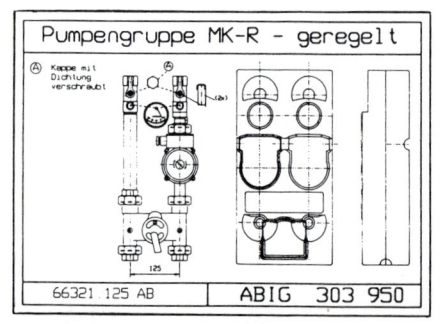

In Verbindung mit dem TWIN-Jet unterschreitet diese Heizzentrale alle Grenzwerte.   *ABIG*

In Deutschland das einzige Programm, mit dem Sie trockene Keller objektspezifisch planen können.

DÖRKEN

DELTA-Grundmauerschutz und DELTA-Dränage-Systeme.

	Bei Bitumenanstrich	Bei Dichtschlämmen	Bei Dickbeschichtungen
Bei sickerfähigem Boden	**DELTA-MS** Grundmauerschutz nach DIN 18195.	**DELTA-MS** Grundmauerschutz nach DIN 18195.	**DELTA-GEO-DRAIN** Grundmauerschutz nach DIN 18195. Flächendränage nach DIN 4095.
Bei wasserundurchlässigem Boden	**DELTA-DRAIN** Grundmauerschutz nach DIN 18195. Flächendränage nach DIN 4095.	**DELTA-DRAIN** Grundmauerschutz nach DIN 18195. Flächendränage nach DIN 4095.	**DELTA-GEO-DRAIN** Grundmauerschutz nach DIN 18195. Flächendränage nach DIN 4095.
Bei Hanglagen	**DELTA-DRAIN** Grundmauerschutz nach DIN 18195. Flächendränage nach DIN 4095.	**DELTA-DRAIN** Grundmauerschutz nach DIN 18195. Flächendränage nach DIN 4095.	**DELTA-GEO-DRAIN** Grundmauerschutz nach DIN 18195. Flächendränage nach DIN 4095.

DELTA-MS
DELTA-DRAIN
DELTA-GEO-DRAIN

Dörken schützt Werte

Ewald Dörken AG
Wetterstraße 58
58313 Herdecke

Postfach 12 63
58302 Herdecke

Tel.: 0 23 30/63-1
Fax: 63-3 55
Tx.: 8 239 428

Holzschutzmittel

Neben der Verwendung von geeigneten → Holzschutzmitteln bieten sich auch konstruktionstechnische Maßnahmen an. Holz sollte immer so verbaut werden, daß es »arbeiten« kann und keine Risse entstehen. Am besten eignen sich dafür Nut- und Federbretter. Holz muß besonders an tragenden Teilen und im Dachbereich durch bestimmte Salze und besondere Beschichtungen gegen Flammeneinwirkung geschützt werden.

Holzschutzmittel
Als Holzschutzmittel stehen Lacke, Lasuren und Imprägnierungen zur Verfügung. Nur verwindungsfreies und sauberes Holz garantiert, daß keine Risse entstehen und der → Anstrich haftet. Vergleichbares gilt für Lasuren. Imprägnierungen bilden keinen undurchdringlichen Film wie Lacke und Lasuren, dringen dafür umso tiefer in das Holz ein, so daß ihm weder Feuchtigkeit noch Insekten etwas anhaben können. Imprägnierungen sind der sicherste Schutz für Konstruktionen, die der Witterung ausgesetzt sind. Schutzanstriche sind im Zeitraum von drei bis fünf Jahren zu erneuern.

Holzspanplatten
Holzspäne werden in Verbindung mit einem Bindemittel aus Kunstharz unter hohem Druck gepreßt. Holzspanplatten sind in verschiedenen Stärken lieferbar und finden Verwendung als Verkleidungen für Decken und Wände, als Unterbodenplatten, bei Konstruktionen von Flachdächern, Zwischenwänden, im Möbelbau u. v. a. m.

Holzverkleidungen
Bei der Gestaltung von Innenräumen wird gerne auf die Vielfalt des Holzes zurückgegriffen. Es kann gewählt werden zwischen dunklem Palisander, Ebenholz, Buche oder Nußbaum, rötlichem Mahagoni, Macore, Padouk, Redwood u. a., bräunlicher Brasilkiefer, Lärche, Buche, Eiche, Kirsche, Limba Teak sowie heller Fichte, Tanne, Ahorn und Esche. Für den Holzschutz von Holzverkleidungen im Innenraum sind Klarlacke, klare Lasuren, Wachsbeizen u. ä. am besten geeignet. Auf jeden Fall sollte der Charakter des Holzes gewahrt bleiben. Achten Sie bei Verkleidungen in Innenräumen auf einen schadstoffarmen Holzschutz.

Holzwerkstoffplatten
Zu den Holzwerkstoffplatten zählen Sperrholz, Hartfaser- und Preßspanplatten. Sie sind besonders für die vielseitige Verwendung im Innen- und Außenbereich geeignet, da sie nur noch in geringem Umfang Form und Ausdehnung verändern.

Holzwolle-Leichtbauplatten
Holzwolle wird mit einem Bindemittel zu leichten Platten im Format 0,5 x 2 m und bis zu 10 cm Dicke gepreßt. Diese Platten sind ausgezeichnet als Wärmedämmung und zum Verputzen geeignet. Sie sind leicht zu verarbeiten und zu befestigen und werden vor allem im Außen-, Keller- und Dachbereich verwendet.

Hüttensteine
Aus körniger Schlacke und Bindemitteln hergestellte Bausteine.

Hüttenzement
Zement, gemischt mit fein vermahlener Schlacke.

Hydrationswärme
Wärme, die in → Putzen und → Beton beim Abbinden des Zements entsteht. Verantwortlich sind dafür das → Bindemittel in Verbindung mit Wasser. Zum Abbinden ist ausreichend Feuchtigkeit notwendig, damit keine Risse entstehen.

hydraulische Bindemittel
Dazu zählen die → Bindemittel, die mit zugegebenem Wasser abbinden.

ThermoBlock-System: Dämmwand-Elemente zum Bau von Niedrigenergie- oder Passivhäusern

ThermoBlock-System ist das Baukonzept der Zukunft: extrem energiesparend, massiv, preiswert. Völlig neuartig ist dabei das Konzept, zuerst die Wärmedämmung aus Styropor®-Dämmelementen aufzustellen und anschließend einfach mit schmalen, tragenden Wandbausteinen dagegenzumauern.

Gerne informieren wir Sie detailliert über die Vorteile und Chancen dieses individuell planbaren Fertigbau-Systems.

SCHWENK Dämmtechnik AlgoStat

Baustoffe fürs Leben

E. SCHWENK Dämmtechnik GmbH & Co. KG · Postfach 13 53 · 86883 Landsberg/Lech · Telefon (0 81 91)1 27-1 · Telefax (0 81 91)1 27-3 60

hydrophob

hydrophob
Zu den hydrophoben Materialien zählen alle, die Wasser abstoßen, aber atmungsaktiv sind: Lasuren, → Imprägnierungen, → Fluate, → Schlämmen, Zementfarben u. a.

hygroskopisch
Baustoffe sind dann hygroskopisch, wenn sie Feuchtigkeit aufsaugen und binden.

Hypokaustenheizung
Bei der Hypokaustenheizung werden Wände und Fußböden durch Warmluft temperiert. Baubiologisch gesehen ist sie eine ebenso ideale Heizungsform wie der Kachelofen.

Hypothek
Ein Kredit oder ein → Darlehen, dessen Sicherung durch einen Eintrag der Schuld im Grundbuch gewährleistet ist. Forderungen der Kreditgeber können als erste und zweite Hypothek oder als → Grundschuld eingetragen werden. Die Höhe der möglichen Hypotheken wird durch den → Beleihungswert und die → Beleihungsgrenze eingeschränkt. Die Tilgung der Hypothek und die Zinszahlung erfolgt durch jährliche Ratenzahlungen. Nach der Tilgung wird die Eintragung im Grundbuch gelöscht.

Hypothekendarlehen
→ Hypothek oder → Grundschuld. Die Forderungen des Kreditgebers sind durch die Eintragung im Grundbuch abgesichert.

Imprägnierung
→ Anstriche, die in das Material eindringen und es gegen Verwitterung schützen.

Infrarotabtastung
Maßnahme zum Wärmeschutz. Mit einer speziellen Kamera kann Wärmestrahlung (Infrarotstrahlung) aufgenommen und sichtbar gemacht werden. Wenn der begründete Verdacht besteht, daß Wärmeverluste durch Baumängel entstehen, sollte man eine Infrarotabtastung vornehmen lassen. Mängel im Wärmeschutz eines Hauses können aufgrund der so gewonnenen Erkenntnisse gezielt beseitigt werden.

Innenanstrich
→ Anstriche im Innenbereich müssen immer den jeweiligen Gegebenheiten angepaßt sein: Dispersionsfarben mit einem gewissen Schallschluckvermögen in Schlaf- und Wohnräumen, Fluren sowie im Treppenhaus, wisch- oder gar waschfeste Farben für die Küche, atmungsfähige Farben, eventuell mit Schimmelschutz im Bad, Kalkfarben in Kellerräumen, spezielle, abdichtende Farben für Brennstoffräume und Heizkeller.

Innenputz
Innenputze haben eine glatte Oberfläche, sind durchlässig für Wasserdampf und geeignet für → Innenanstriche sowie für das Anbringen von Tapeten. Der übliche Innenputz besteht aus einem Spritzbewurf, dem Unter- und dem Oberputz. Alternativ zum

Mit einfachen Arbeitsgeräten, z. B. mit einem Spachtel, läßt sich der Innenputz bearbeiten. *Knauf*

Verputzen können → Gipskartonplatten verwendet werden. Der Trockenausbau ist wesentlich sauberer und ermöglicht ein sofortiges Weiterarbeiten.

Installationen

Für die Versorgung des Hauses mit Wasser, Strom und gegebenenfalls Fernwärme (→ Fernheizung) oder Gas müssen alle Zuleitungen sowie die Ableitungen für Abwasser installiert werden. Dabei ist wichtig, ob im Falle von Mängeln der Architekt, der betreffende Ingenieur für die Elektro-, Sanitär- oder Heizungsanlagen oder der Fachbetrieb für die → Gewährleistung verantwortlich ist.

Installationsgeräusche

Mangelhafte Isolierungen der Sanitärinstallationen verursachen äußerst störende Geräuschbelästigungen. Da solche Mängel im nachhinein nur schwer und unter großem finanziellen Aufwand zu beheben sind, sollte bereits bei der Planung und während der Bauzeit darauf geachtet werden, daß geeignete Dämmungen eingesetzt werden.

Instandhaltung/Instandsetzung

Instandhaltung/-setzung dient der Erhaltung von Wohngebäuden und Wohnungen und gehört somit zu »wohnungswirtschaftlichen Maßnahmen«, die mit Bausparmitteln finanzierbar sind. Als Eigenheimbesitzer können Sie die Aufwendungen hierfür bis zu DM 22.500,- als Vorkosten nach dem → Eigenheimzulagengesetz steuersparend geltend machen. Vorausgesetzt, der Erhaltungsaufwand wird vor dem Einzug in die eigenen vier Wände abgeschlossen. Vermieter können die Kosten in voller Höhe als Werbungskosten ansetzen, sofern es sich um Erhaltungsaufwand handelt.

Isolierung

Eindringende Feuchtigkeit in Baustoffe führt in den meisten Fällen zu schweren Bauschäden. Aus diesem Grund müssen der Feuchtigkeit ausgesetzte Bauteile isoliert, d. h., abgedichtet werden. Für die verschiedenen Einsatzgebiete sind unterschiedliche Dichtstoffe und Isolierfolien im Handel erhältlich, die vom einigermaßen geübten Heimwerker ohne weiteres fachgerecht verarbeitet werden können. Dazu gehören u. a. Schutzanstriche, Imprägnieranstriche, dispersionsgebundene Beschichtungsstoffe, Silikonkautschuk, reißfeste Aluminiumfolien und Polyäthylenfolien sowie Bitumenpapier.

isorast

isorast-Niedrigenergiehaus-Produkte GmbH, Im isorast-Wohnpark 30, D-65232 Taunusstein-Hambach, Tel.: 0 61 28/95 26-0, Fax: 0 61 28/7 38 23. Angebote: → Passivhäuser, → Schalenbauweise.

Neue High-Tech-Verglasungen schaffen Fensterflächen mit Wandqualität. *Interpane*

IWO

Institut für wirtschaftliche Oelheizung e.V., Süderstraße 73a, 20097 Hamburg, Tel.: 040/23 51 13 0, Fax: 040/23 51 13 29, Email: IWOeV@aol.com. Angebote: → Ölheizung, → Öltank.

Jochbalken

Jochbalken
Der Jochbalken ist ein Teil einer Fachwerkkonstruktion oder Teil einer Unterkonstruktion des Dachs.

Kachelofen
Ein Heizelement für eine Warmlufheizung, das nach wohn- und baubiologischen Gesichtspunkten aufgrund der abgegebenen Strahlungswärme sehr zu empfehlen ist. Ein Kachelofen ist zudem ein äußerst dekoratives Element in den Wohnräumen und unterschiedlichen Einrichtungsstilen in der Gestaltung anzupassen.

Kalkfarben
Farbpigmente werden mit Wasser angesetzt und mit Weißlack gemischt. Sie sind als Außenanstrich zu verwenden.

Kalksandstein-Information
KALKSANDSTEIN-INFORMATION, Postfach 21 01 60, D-30401 Hannover, Tel.: 05 11/2 79 54 0, Fax: 05 11/2 79 54 54. Angebote: → Baukosten, → Rationelles Bauen, → Umweltschutz, → Wandbaustoff Kalksandstein.

Kalkzementmörtel
Um die Festigkeit von Kalkmörtel zu erhöhen, ist es auch möglich, Zement beizumischen.

Kamin (offener)
Der offene Kamin hat heute nur noch in den seltensten Fällen reine Heizfunktion. Meist dient er dazu, die Behaglichkeit eines Wohnraums durch den Geruch des Holzes und loderndes Feuer zu erhöhen. Überwiegend werden heutzutage offene Kamine als Heizkamine mit verschließbarem Feuerraum (über 90 %) gebaut. Damit kann man schon fast von einem Übergangs-Heizsystem sprechen. Mit einiger Fachkenntnis kann man offene Kamine selbst mauern, der Handel bietet aber auch fertige Einsätze zur eigenen Gestaltung an: zum Beispiel mit → Putz, Naturstein, → Klinker, Kupfer u. a. Es handelt sich hier jedoch um eine abnahmepflichtige Feuerstätte, die zu einer nicht zu unterschätzenden Gefahr werden kann, wenn sie nicht fach- und sachgerecht gebaut wurde. Auch in Mehrfamilienhäusern kann an einem freien Kamin, der nicht von der Heizungsanlage belegt wird, anstelle eines geschlossenen Kachelofens ein mit Glas verschlossener »offener Kamin« installiert werden.

Kamine in moderner Gestaltung schaffen eine behagliche Atmosphäre. *Scholl*

Kaminofen
Kaminöfen werden aus handgeschmiedetem Eisen oder Stahlblech bzw. aus → Gußeisen gefertigt. Gußeiserne Kaminöfen zeichnen sich durch ihre Fähigkeit aus, Wärme gut zu speichern. Mit geschlossenen Feuerungstüren ist der Kaminofen als Dauerbrandofen zu verwenden. Angeschlossen werden kann er an den normalen Kamin, der nicht von der Zentralheizungsanlage belegt ist.

Keller

Kanalisation
Abwasser aus der Küche und dem Sanitärbereich sowie Regen und Schmelzwasser, das von → Dachrinnen, Dränagen oder Hofabläufen u. a. aufgefangen wird, läuft in ein unterirdisches Abwassersystem, die Kanalisation, ab. Für Anschlüsse an die Kanalisation sind Rohre von mindestens 15 cm Durchmesser vorgeschrieben, die mit etwa 1–6 Grad Gefälle verlegt werden müssen. Sollte dies nicht möglich sein, muß eine Abwasserhebeanlage eingebaut werden. Geeignete Rohre sind aus → Steingut, Kunststoff, → Beton oder Asbestzement hergestellt. Der Anschluß sollte immer durch einen Rückstauverschluß gesichert sein.

Kapillarität
Baustoffe wie → Ziegel, → Beton, Kalksandstein, Holz, Dämmaterialien, Natur- und Kunststein enthalten Poren und Kapillaren, die Feuchtigkeit aufnehmen und weiterleiten können. Aufgrund dieser Kapillarität zeigen diese Stoffe → hygroskopische Eigenschaften, sie sind atmungsaktiv, dampfdurchlässig (Dampfdurchlaßzahl) und diffusionsfähig. → Glas und Metall wirken wie Dampfsperren und lassen den Wasserdampf kondensieren.

Kapital-Lebensversicherungshypothek
Dabei handelt es sich um eine Form der Festhypothek, bei der die Hypothekenschuld durch eine fällige Kapital-Lebensversicherung in einer Summe zurückgezahlt wird. Außerdem besteht für die Dauer der Hypothekenlaufzeit als Absicherung ein Versicherungsschutz für den Todesfall.

Kataster
Im Kataster sind sämtliche → Flurstücke eines Gebiets verzeichnet. Beim Vermessungsamt oder Bauamt erhält man Einblick. Dies ist vor dem Kauf eines Grundstücks unerläßlich, da hier zuverlässig Auskunft über die Ausmaße, die Lage, Nutzungsmöglichkeiten und eventuelle → Baulasten gegeben werden kann.

Katasterbücher
Zu den Katasterbüchern zählen zum einen das Liegenschaftsbuch, ein Verzeichnis aller Grundstücke eines Gebiets, nach den Eigentümern geordnet. Zum anderen gehört dazu das Flurbuch, in dem die → Flurstücke eines Gebiets nach ihrer tatsächlichen Lage geordnet zu finden sind.

Kaufvertrag
Der Kaufvertrag für ein Grundstück, ein Haus usw. enthält alle notwendigen Angaben über das zu erwerbende Objekt, den vereinbarten Kaufpreis, eine Baubeschreibung und die Zahlungsbedingungen. Der Kaufvertrag bei Immobilien muß von einem Notar bestätigt werden. Der Interessent ist nach Abschluß dieses Vertrags verpflichtet, das betreffende Objekt zu kaufen, der Verkäufer muß beim Grundbuchamt die → Auflassung oder → Auflassungsvormerkung vornehmen lassen. Nachdem die Auflassung oder Auflassungsvormerkung vollzogen wurde, erfolgt die Bezahlung der vereinbarten Kaufsumme. Ist der Betrag auf dem Konto des Verkäufers eingegangen, wird der neue Eigentümer in das Grundbuch eingetragen. Voraussetzung dafür sind die → Auflassung, die Bestätigung des Finanzamts, daß der Käufer die → Grunderwerbsteuer bezahlt hat bzw. von ihr befreit ist und daß alle → Hypotheken, → Grundschulden und Rentenschulden des Verkäufers im Grundbuch gelöscht sind.

Keller
Der Fingerhut-Fertigelement-Keller wird »maßgeschneidert« für Ihr Fingerhut-Haus geliefert. Der jeweilige Leistungsstand ist der Kurzlieferbeschreibung der entsprechenden Baustufe zu entnehmen. Die beschriebenen Leistungen gelten bis Ober-

Kellerlichtschacht

Kosten- und Zeitersparnis durch Fertigkeller aus Leichtbeton-Fertigteilen. *Fingerhut Haus*

kante Kellerdecke für den Grundrißvorschlag des entsprechenden Fingerhut-Hauses.
Die Herstellung und Montage des Fingerhut-Kellers wird ständig durch die Güteschutzvereinigung Beton e. V., Neustadt/Weinstraße, gütegeprüft. Fingerhut Haus ist Mitglied in der Gütegemeinschaft Fertigkeller e. V., Wiesbaden, wodurch Fingerhut ebenfalls verpflichtet ist, den Fingerhut-Keller neben ständiger Eigenüberwachung zusätzlich durch neutrale Prüfer gemäß den RAL-Güte- und Prüfbestimmungen kontrollieren zu lassen.
Fingerhut ist der einzige Kellerhersteller in Deutschland, der Fertigteile in Leichtbeton erstellt und dem das RAL-Gütezeichen Fertigkeller vom Deutschen Institut für Gütesicherung und Kennzeichnung, Bonn, verliehen wurde. → Fingerhut Haus

Kellerlichtschacht
Der Kellerlichtschacht ist dem Kellerfenster vorgemauert bzw. als Fertigteil aus Beton angesetzt und läßt Tageslicht in die Kellerräume.

Keramik
Aus tonmineralhaltiger Erde werden unter Zusatz verschiedener Stoffe Feinkeramik (Fliesen, Sanitärbauteile u. a.) und Grobkeramik (→ Ziegel, → Klinker u. a.) hergestellt. Am häufigsten finden am Bau hochgebrannte und damit belastbare und meist frostsichere Keramikteile mit glasierten Oberflächen Verwendung. Keramik für Bodenbeläge wird in unterschiedliche Absatzgruppen eingeteilt.

Faszinierende Gestaltungsmöglichkeiten bieten moderne Keramikelemente. *IGA*

Kernholz
Das Kernholz eines Baums besteht aus den innersten und ältesten Jahresringen und ist besonders fest, dicht und hart. Aufgrund seiner eingelagerten Öle, Harze, Gerb- und Farbstoffe ist es kaum mehr wasserführend und wegen der daraus folgenden Formbeständigkeit für die Verwendung im Bau besonders geeignet. Werden in einem Neubau Balken verwendet, so muß man darauf achten, daß diese keinen Markkanal enthalten, also kerngetrennt sind. Dadurch wird verhindert, daß sich das Kernholz verdreht und reißt.

ABIC

Öl-Gas-Zweistoffbrenner
Heizzentralen – Warmwasserspeicher

Modernste, ausgereifte Technik, bewährt in der Praxis.

Euronova

Komplette Heizzentralen für Öl- oder Gasfeuerungen

Leistungsbereich von 17 – 60 kW
mit Öl-TWIN-Jet oder Gasbrenner

Emissionswerte im Vergleich

Schadstoff	CO mg/kWh	NOx mg/kWh	Ruß
Heizkessel Baujahr 1975	100	250	1
Werte Blauer Engel	80	120	0,5
Zürich-Norm	60	120	0,5
ABIG	**5 – 30**	**75 – 90**	**0**

ABIG-WERKE · Carry Gross GmbH & Co. KG
88662 Überlingen · Abigstraße 1 · Tel. (0 75 51) 80 04 – 0 · Fax 80 04 50

Kieselgur

Kieselgur
Diese an sehr feinen Poren reiche Ablagerung der Kieselalge eignet sich für die Filteranlage des Schwimmbeckens.

Kiesfilter
Filter für das Schwimmbecken können mit Kies unterschiedlich feiner Körnung gefüllt sein. Sie eignen sich für die permanente Reinigung des Wassers im Schwimmbecken.

Kitt
Kitt dient in erster Linie dazu, die Fugen bei aneinanderstoßenden Werkstoffen eines Gebäudes oder Gebäudeteils (z. B. Glas-Holz) abzudichten. Er muß an den verschiedenen Materialien gut haften. Seine Elastizität erlaubt, daß er unterschiedliche Ausdehnungsverhalten ausgleicht und dabei nicht reißt. Ölkitt, der nicht alterungsbeständig ist, wird mehr und mehr von Kunststoffkitt mit dauerelastischen, wertbeständigen Eigenschaften verdrängt.

kittlose Verglasung
Als Ersatz für das Verglasen mit → Kitt kann in Aluminium- oder Eisenrahmen → Glas auch mit Vorlegebändern oder mit dichtenden Filzstreifen, die nicht verrotten, eingesetzt werden.

Klärgrube
Wenn ein Haus nicht an die öffentliche → Kanalisation angeschlossen werden kann, benötigt man zur Abwasserbeseitigung zwei Klärgruben. In der Faulgrube, die ein- oder zweimal im Jahr geleert werden muß, lagern sich alle Festteile des Abwassers ab. Durch einen Überlauf fließt das restliche Abwasser in die zweite Grube, in die auch das Wasser aus Regenrinnen, Hofabläufen u. a. geleitet wird. Über einen speziellen Schacht versickert dieses Wasser in die Erde. Klärgruben können als komplette Bausätze aus Beton eingebaut werden.

Klebemörtel
Der mörtelartige Kunststoffkleber erlaubt das Verlegen von → Fliesen, Natur- und Kunststeinen u. a. in einem vollständigen Bett, das auch Unebenheiten des Untergrunds ausgleicht. Besteht der Untergrund aus → Beton, Kalk- oder Zementputz, muß er nicht weiter vorbehandelt werden. Gipsputze erhalten vor dem Mörtelauftrag eine Spezialgrundierung. Im Außenbereich oder bei ständig feuchten Flächen muß der Klebemörtel mit 1/5 in Wasser angerührtem Zement versetzt sein. Vor der Verarbeitung muß die Masse gut mit dem Rühreinsatz der elektrischen Bohrmaschine durchgearbeitet werden.

Klimaanlage
Durch Klimaanlagen wird die Innenluft in einem Gebäude auf einer konstanten Temperatur gehalten, der Feuchtigkeitsgehalt geregelt und die Luft mittels Filter gereinigt. Umweltbelastungen wie Lärm und Luftverschmutzung, wie sie sich beim Lüften durch geöffnete Fenster auswirken, werden durch Klimaanlagen ausgeschaltet. Beobachtungen über längere Zeiträume hinweg haben ergeben, daß nicht jeder die ständige Bewegung der Luft und den oft erheblichen Unterschied zur Außentemperatur verträgt.

Klimageräte
Um in einzelnen Räumen die Temperatur und den Feuchtigkeitsgehalt der Luft zu regulieren, eignen sich Klimageräte, die auch die Innenluft reinigen. Anschlußmöglichkeiten sind Außenwände oder Fenster. Bei Klimaschränken kann die Zu- und Abfuhr der Luft auch über Kanäle erfolgen.

Klinker
Klinker sind → Ziegel, die bei besonders hohen Temperaturen gebrannt wurden und sich aus diesem Grund durch Härte und Dichtigkeit des Materials auszeichnen. Die daraus folgende Beständigkeit gegen Verwitterung begünstigt die Verwendung als

Konvektion

→ Verblendmauerwerk. Als Vormauersteine können sie mit Mörtel direkt mit der Hausmauer verbunden sein. Klinker kann man aber auch als zusätzliche Schale mit einer etwa 6 cm dicken Luftschicht zwischen der Hausmauer und dem Verblendmauerwerk einsetzen. Wichtig ist, daß Öffnungen unten und oben im Verblendmauerwerk eine ausreichende Hinterlüftung ermöglichen. Klinker sind in allen Farbabstufungen von rot über braun bis violett erhältlich. Die Farben sind lichtbeständig, die unterschiedlichen Strukturen, besonders bei Handformsteinen, eröffnen individuelle, reizvolle Gestaltungsmöglichkeiten.

Knetdübel

Der Knetdübel – seinerzeit nach Kriegsende die erste aufsehenerregende Entwicklung des TOX-Dübel-Werks zur Ausbesserung jeglicher Art von Mauerwerkschäden sowie zur Befestigung aller Art von Gegenständen in problematischem Mauerwerk – ist heute als verbesserte Neuproduktion wieder eine Produktlinie von TOX. Als ideales, universell anwendbares Befestigungsmittel im Innenausbau ist der Knetdübel auch heute optimal geeignet für Standardbefestigungen in bröckligem und schlechtem Mauerwerk sowie zum Ausbessern von ausgerissenen Dübellöchern und Schäden in der Wand. → TOX-Dübel-Werk

Kniestock (Drempel)

Um den Dachbereich besser als Wohnbereich nutzen zu können, ist es möglich, das Mauerwerk über die obere Stockwerksgrenze hinauszuziehen – vorausgesetzt, der Bebauungsplan läßt das zu. Auf diesem überstehenden Kniestock lagert dann der Dachfuß.

Kondensation

Trifft feuchte, warme Luft auf kältere Flächen (Wände, Rohre, Fensterglas usw.), schlägt sich die Feuchtigkeit nieder. Besonders gefährdete Räume sind Bad und Küche. Der Grad der Kondensation kann durch die Auswahl von Baustoffen mit hoher → Atmungsaktivität gering gehalten werden. Außerdem sollten Kältebrücken vermieden werden. Die Folgen der sich niederschlagenden Feuchtigkeit: Es bildet sich Schimmel und Rost, verrottendes bzw. feuchtes Dämmaterial verliert dadurch seine Wirkung.

Konvektion

Im Unterschied zu Heizkörpern, die Wärme abstrahlen, gibt es die Möglichkeit, die Raumluft am Heizkörper vorbeizuleiten. Durch Umwälzung wird dann der ganze Raum erwärmt. Voraussetzung für die Wirkung der Konvektion ist, daß → Konvektoren unterhalb der Fenster oder, in einem Schacht, unterhalb der Balkon- oder Terrassentür angebracht werden. Nur dann nimmt die aufsteigende Warmluft die durch die Glasflächen einfallende kalte Luft mit nach oben und erwärmt sie zugleich. Die Luft zirkuliert, und unangenehme Fußkälte wird somit vermieden.

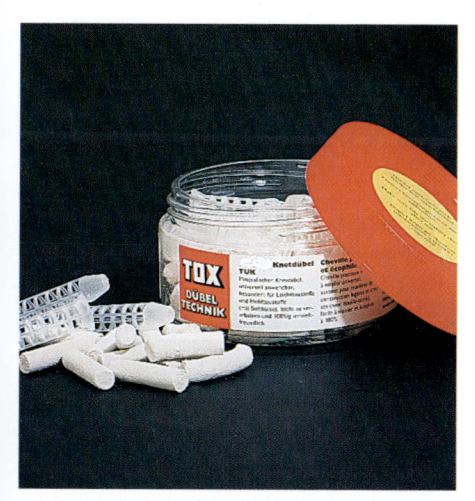

Für dauerhafte und stabile Befestigung im Innenausbau sorgt dieser Knetdübel. *TOX-Dübel-Werk*

Konvektor

Konvektor
Zu den Konvektoren zählen Rippenheizkörper, Heizrohrkonstruktionen, auf die Lamellen aus abgewinkeltem Stahlblech aufgeschweißt sind, elektrische → Speicherheizgeräte und Warmluftheizungen. Neben → Stahl und Stahlblech wird zum Konvektorbau auch der Baustoff → Aluminium verwendet.

Kostenvoranschlag
Eine Schätzung der voraussichtlichen Kosten aufgrund von Erfahrungswerten und genauen Berechnungsunterlagen. Im Kostenvoranschlag sind die durch die → Ausschreibung ermittelten reinen Baukosten, die → Baunebenkosten und die Erschließungskosten berücksichtigt. Es ist wichtig, schon für den Kostenvoranschlag alle Sonderwünsche anzugeben, sonst muß man damit rechnen, daß die veranschlagte Summe überschritten wird.

Kröpfung
Mit Kröpfung bezeichnet man bei, in der Regel metallenen, Bauteilen den abgewinkelten Teil. Am häufigsten findet man die Kröpfung bei → Beschlägen.

Kupfer
Das rötlich glänzende, weiche und sehr dehnbare Schwermetall ist (nach Silber) der beste Strom- und Wärmeleiter. In Berührung mit Luftfeuchtigkeit überzieht sich Kupfer mit einer grünlichen Patina. Kupfer und seine Legierungen finden als Elektrizitäts- und Wärmeleiter in der Technik Verwendung.

k-Wert
Mit dem k-Wert (Wärmedurchgangskoeffizient) wird die Qualität der Wärmedämmung von Bauteilen oder Baustoffen angegeben. Er gibt in $W/(m^2 K)$ an, welche Energiemenge pro Quadratmeter multipliziert mit der Temperaturdifferenz (in Grad Kelvin) zwischen Innen- und Außenbereich durch den Baustoff entweichen kann. Je niedriger der k-Wert ist, desto geringer ist der Energieverlust.

Lageplan
Der Lageplan ist ein Teil der Pläne zur Eingabe bei der zuständigen Baubehörde. Die Zeichnung enthält im Maßstab 1:500 die Grundrisse des eigenen und der benachbarten Grundstücke sowie der geplanten und bereits errichteten Gebäude.

Landesbauordnung
Die einzelnen Bundesländer haben in ihren Bauordnungen wichtige Vorgaben festgelegt, die bei der Bauausführung berücksichtigt werden müssen. Dazu zählen u. a. das Baugenehmigungsverfahren, Brand- und Schallschutzvorschriften oder Materialvorgaben.

Lastenausgleich
Gemeinden und Lastenausgleichsämter bestätigen Vertriebenen, Flüchtlingen oder durch Krieg geschädigten Personen Anspruch auf ein → Darlehen, um Immobilieneigentum zu schaffen. Darlehen aufgrund des Lastenausgleichs zählen zu den → Eigenmitteln.

Lastenzuschuß
Haus- oder Wohnungseigentümer brauchen zwar keine Miete zu zahlen. Trotzdem sind ihre finanziellen Belastungen oftmals so hoch, daß sie auf einen staatlichen Zuschuß angewiesen sind. Das Wohngeld für Immobilieneigentümer heißt Lastenzuschuß. Seine Höhe richtet sich nach der monatlichen Belastung – Finanzierungskosten für alle Darlehen plus Bewirtschaftungskosten wie Instandhaltungs- und Betriebskosten, Grundsteuer und Verwaltungskosten.

Laufzeit
Zeitdauer, innerhalb derer ein Darlehen zurückgezahlt werden muß. Je nach der

Leichtbaustoffe

monatlichen oder jährlichen Belastbarkeit kann in der Regel die Laufzeit für Darlehen zum Bau oder Erwerb von Immobilien zwischen fünf und 30 Jahren betragen.

Lehrgerüst
Um → Schalungen für Bauteile aus → Beton abzustützen, benützt man ein Gerüst mit reiner Tragefunktion. Das Lehrgerüst muß auch unter Belastung die exakte Form der Verschalung garantieren, da sonst die Betonbauteile nicht in der richtigen Form aushärten.

Leibrente
Die Möglichkeit, eine Immobilie in Form einer Rente an den Eigentümer zu bezahlen. Der Betrag der Rente errechnet sich aus dem Verkehrswert und der noch zu erwartenden Lebenszeit des Verkäufers. Die Leibrente ist durch den Eintrag in das Grundbuch gesichert. Mit einer → Gleitklausel kann außerdem zur Absicherung des Verkäufers die Anpassung an den Lebenshaltungsindex garantiert werden.

Leibung
Die Wandflächen einer Tür- oder Fensteröffnung im Mauerwerk. Sie ist so breit wie das Mauerwerk dick ist und kann bei einem offenen Durchbruch durch die Mauer auch unverkleidet, also nur verputzt, bleiben. Um ein Anschlagen von Fenster oder Tür zu erzielen, kann die Leibung mit einem Falz versehen werden. Beim Einbau von Türen wird die Leibung mit dem → Futter der Tür oder der → Türzarge verkleidet.

Leichtbetonblocksteine/-vollsteine
Aus → Bims, Schlacke, → Blähton und Ziegelsplitt gefertigter Stein. Seine vielen feinen Poren begünstigen die Wärmedämmung, sein geringes Raumgewicht ermöglicht das Verbauen in großen Blöcken und leichtes Bearbeiten. Hohlblocksteine haben zwei oder drei Luftkammern und können zu Innen- oder Außenmauern verbaut werden. Je nach Druckfestigkeit sind sie auch für Tragemauern geeignet. Vollsteine verwendet man bei Tragemauern und nicht tragendem Mauerwerk sowie im Fachwerkbau und zum Ausgleich bei Mauerwerk aus Hohlblocksteinen.

Leichtbauplatten
Platten mit geringem Raumgewicht, in der Hauptsache bestehend aus Bims- oder Gasbeton, Holzfasern, Holzspänen, Holzwolle, Hartschaum sowie Gips und Karton. Mit ihnen baut man Verkleidungen, Dämmungen und Zwischenwände ohne Tragefunktion.

Leichtbauplatten ermöglichen eine kreative Raumgestaltung. *Rigips*

Leichtbaustoffe
Mit Leichtbaustoffen arbeitet man in der modernen Bautechnologie, ohne daß Statik und Stabilität des Bauwerks beeinflußt werden. Die Verwendung von Leichtbaustoffen verringert den Materialaufwand und hilft so, die Baukosten zu senken. Ein weiterer Vorteil ist die gute Wärmedämmeigenschaft, ein Nachteil die schlechte Schalldämmung.

Leichtbeton

Zu den tragfähigen Materialien zählen → Bims, → Porenziegel, Porenbeton u. a. Keine Tragefunktion erfüllen Leichtbauplatten innerhalb einer Rahmenbauweise bei → Fertighäusern.

Leichtbeton
→ Beton werden leichtere Stoffe wie Schlacke oder Blähbeton zugemischt. Auch der Zusatz von Stoffen, die die Porenbildung verstärken, ist möglich. So wird Beton großporiger und zeigt bessere Eigenschaften in der Wärmedämmung. Die Festigkeit bleibt aber gewährleistet. Leichtbaustoffe sind für den Selbstbauer gut geeignet.

Leichtziegel
Zu den Leichtziegeln zählen der Porenziegel und der Hohllochziegel.

Lichtkuppel
In Flachdächern kann die Lichtkuppel aus durchsichtigem Acrylglas oder lichtdurchlässigem Polyester mit Glasfaserverstärkung eingebaut werden. Diese Form des Oberlichts ist gemäß den Bauvorschriften aber nicht für bewohnte Räume erlaubt. Lichtkuppeln ermöglichen aber, daß zum Beispiel Garagen, die als Werkstatt benutzt werden, ausreichend Tageslicht erhalten.

Linoleum
Fußbodenbelag aus mit Leinöl vermischtem, zerkleinertem Kork, auf Jutematten aufgebracht.

Loggia
Eine Loggia ist an drei Seiten von Mauern umgeben und hat ein Dach. Ist eine Loggia an der Südseite eines Hauses geplant, so läßt sich bei ausreichender Tiefe der Vorteil ausnutzen, daß die Überdachung im Sommer vor der direkten Sonneneinstrahlung schützt, während im Winter die niedrigstehende Sonne den angrenzenden Wohnraum erwärmt.

Lüftung
Besonderes Augenmerk sollte auf die Möglichkeiten der Dauerbelüftung und Belüftung von fensterlosen Räumen und von Feuchträumen gelegt werden. Für geeignete Dauerbelüftung können im oberen Teil des Fensterblendrahmens Schlitze für die Luftzufuhr eingebaut werden, die sich öffnen und schließen lassen. Für Räume ohne Fenster sind zur Lüftung geeignete Schächte vorzusehen, über die durch Ventilatoren oder den Kamineffekt die Abluft abgesaugt wird. Die Zuluft kommt durch Schlitze, die an der Tür angebracht werden. Gegen die Dampfentwicklung können Ventilatoren in die Außenwand, über der Kochstelle oder dem Fenster eingebaut werden.

Luftbindemittel
Im Gegensatz zu den → hydraulischen Bindemitteln können Luftbindemittel wie in Luftkalk oder Gips nur unter Luft abbinden.

Luftschall
Schall wird in festen Körpern, Flüssigkeiten und der Luft übertragen. Um den Luftschall

Linoleum bietet ein breites Spektrum an Farben und Verlegevarianten.
DLW

OB SCHLÜSSELFERTIG, ALS MITBAUHAUS ODER ALS AUSBAUHAUS...

Bitte senden Sie mir kostenloses Informationsmaterial.
❏ Das neue aussagekräftige, interessante FINGERHUT BAU-JOURNAL senden wir Ihnen gern gegen DM 10,- in BAR oder als SCHECK. Schreiben Sie uns oder rufen Sie uns an.

...wir gestalten Lebensräume - ganz individuell, nach Ihren persönlichen Wünschen und Anforderungen. Ob mit oder ohne FINGERHUT-KELLER. FINGERHUT-Häuser sind wertbeständig für Generationen und das zum garantierten Festpreis. Meisterwerke. Eben FINGERHUT-Häuser!

Wir bauen Lebensräume

FINGERHUT HAUS
Das Zuhause:
Hauptstraße 46 · 57520 Neunkhausen/Ww.
Telefon 02661/9564-20 · Telefax 02661/956464

Mängelrüge

im Haus zu mindern, sollte man darauf achten, daß an geeigneten Stellen Baumaterial mit hohem Raumgewicht (→ Beton, Kalksandstein u. a.) verwendet wird. Ebenso geeignet sind aber auch Stoffe, die mit dem Luftschall mitschwingen und ihn so absorbieren. Dazu zählen alle zur Wand- und Deckenverkleidung nutzbaren Bauelemente wie → Gipskarton, → Span- und → Sperrholzplatten, die vorgebaut oder untergehängt werden. Auch Teppiche und Vorhänge mindern den Luftschall.

Mängelrüge

Hat man einen Mangel erkannt, der nach der → Gewährleistung vom Handwerker noch ausgebessert werden muß, so muß der Anspruch schriftlich geltend gemacht werden. Wurde selbst nach einer angemessenen Nachfrist der festgestellte Mangel nicht behoben, so gilt das Recht, auf Kosten des Mangelverursachers einen anderen Fachbetrieb mit der Beseitigung des Mangels zu beauftragen. Informieren Sie sich über einzuhaltende Fristen im Vorfeld genau bei einem Anwalt oder Sachverständigen.

Mantelbeton

Bei der → Schalenbauweise verwendet man nicht tragfähigen Mantelbeton, der ausgezeichnete Wärmedämmeigenschaften besitzt.

Markisen

Um außer dem Schutz vor starkem Lichteinfall auch ausreichenden Wärmeschutz zu erzielen, müssen Markisen an der Außenwand über Fenstern, Balkon- und Terrassentüren montiert werden. Besondere Bedeutung kommt ihnen bei Wintergärten zu. Oft ist der nachträgliche Einbau nur innen möglich. Man sollte das nur als Notlösung betrachten und Markisen bereits in der Planungsphase berücksichtigen. Die meisten Markisen können neben dem Betrieb mit einer Handkurbel auch mit einem Motor ausgerüstet werden. Da sie Witterungseinflüssen stark ausgesetzt sind, sollte auf verrottungsfeste und lichtechte Stoffe geachtet werden.

An Südfassaden bieten Markisen und Rollos optimalen Sonnenschutz. *Somfy*

Maßordnung

Für den Hochbau sind in der DIN 4172 verbindliche Maße festgelegt, die die Einzelmaße, die Rohbau- und Ausbaumaße betreffen. Zu den Einzelmaßen zählen die Fugenstärken, Putzdicke u. a. Bei den Rohbaumaßen legt man die Dicke von Mauerwerk ohne Putz oder die Höhe und Breite der Öffnungen für Türen und Fenster fest. Ausbaumaße betreffen die Größen von fertiggestellten Teilen des Gebäudes und die zur Verfügung stehenden Flächen.

Mauertrockenlegung

Oft sind fehlende oder falsch eingebaute Horizontalabdichtungen Ursache von aufsteigender Feuchtigkeit. In diesem Fall treten meist im Sockelbereich wolkenförmige Verfärbungen oder Putz- und Anstrichschäden auf. Die Schuster GmbH VEINAL®-Bau-

Modernisierung

chemie bietet hier eine ganze Palette von Produkten zur Sanierung an (Injektagemittel, Imprägnierungen, Sperr- und Sanierputzsysteme). → VEINAL®

Aufsteigende Feuchtigkeit führt zu Schäden im Sockelbereich. *VEINAL®*

Mietermodernisierung
Mieter können Bausparmittel auch für bauliche Maßnahmen zur → Modernisierung von Mietwohnungen nutzen. Die Zustimmung des Vermieters zu Art und Umfang der Modernisierung ist aber erforderlich.

Mindestbausparsumme
Die Mindestbausparsumme beträgt zur Zeit 5.000,– DM, bei BHW Dispo plus 10.000,– DM.

Mindestbewertungszahl
Damit ein → Bausparvertrag zugeteilt werden kann, muß der Sparer die Mindestbewertungszahl erreicht haben. Sie wird bei den einzelnen → Bausparkassen unterschiedlich berechnet, ist aber in der Regel abhängig von der angesparten Summe und von der Zahl der durchlaufenen → Bewertungsstichtage.

Mindestschallschutz
Zur → Bauabnahme gehört auch die Überprüfung der Dämmaßnahmen zum Schallschutz durch die zuständige Bauaufsichtsbehörde, festgelegt in der DIN 4109.

Mindestsparguthaben
Damit am → Bewertungsstichtag ein → Bauspardarlehen zugeteilt werden kann, muß ein in den Bausparbedingungen festgelegtes → Bausparguthaben erreicht sein. Bei BHW Dispo plus gibt es kein Mindestsparguthaben.

Mindestwärmeschutz
Das verwendete Baumaterial für Außenwände muß nach der DIN 4108 einen bestimmten Grad an Schutz gegen Wärmeverlust bieten, der abhängig vom jeweiligen Wärmedämmgebiet ist. Wichtig ist, bei der Auswahl der Baustoffe sicherzustellen, daß diese Bedingungen erfüllt werden.

Mindestwartezeit
Die Dauer der Mindestwartezeit richtet sich nach dem jeweiligen Tarif des → Bausparvertrages. Für die → Zuteilung des → Bauspardarlehens ist es eine Bedingung, daß die bei Vertragsabschluß beginnende Wartezeit abgelaufen ist.

Mischbatterie
→ Armaturen

Modernisierung (Finanzierung)
Mit den Mitteln aus dem → Bausparvertrag können auch Maßnahmen, die zur Modernisierung von Wohnraum dienen, finanziert werden. Wenn man also einen → Bausparvertrag zugeteilt bekam und ein Eigenheim erstellt oder eine Eigentumswohnung erworben hat, sollte man einen neuen Vertrag abschließen. Das Geld wird im Hinblick auf zukünftige Modernisierungsmaßnahmen sicherlich benötigt. Darüber hinaus stellen manche Bundesländer bzw. der Bund För-

Mörtel

dermittel für Modernisierer bereit. Das örtliche Bauamt informiert Sie über die zuständige Stelle. Selbstnutzer können außerdem die Kosten der Modernisierung u. U. bis zu einer bestimmten Höhe als Vorkosten steuerlich absetzen. Für Vermieter ist die Unterscheidung zwischen Herstellungsaufwand bzw. Erhaltungsaufwand für die Art der steuerlichen Absetzbarkeit entscheidend.

Mörtel

a) Fugenmörtel ist ein Gemisch aus Zement und Sand, das unter Zusatz von Wasser angerührt wird und unterschiedliche Bauteile miteinander verbindet. Die Zementzugabe ist wichtig, damit das Mauerwerk durch Druck und Biegung belastet werden kann und zudem wasserdicht ist. Fugenmörtel bildet Kältebrücken.

b) Für Putzmörtel verwendet man als Bindemittel → Gips, ggf. zusammen mit Kalk, oder aber Kalk, gegebenenfalls unter Beimengung von Zement, um die Festigkeit zu verbessern. Putzmörtel darf keine Risse zeigen.

Monierung

Matten aus Baustahl oder Betonstähle verwendet man, um Betonbauteile zu bewehren. Beton allein ist zu spröde und würde ohne diese Stabilisierung brechen.

Nachbarrecht

a) Öffentlich-rechtliches Nachbarrecht ist zum Beispiel im Bau- und im Bauplanungsrecht festgehalten.

b) Privatrechtliches Nachbarrecht findet sich z. B. im BGB und in Bauordnungen.
Die in der Regel wichtigsten Bestimmungen, die sich dann auswirken, wenn der Bauherr bereits eingezogen ist, betreffen Reparaturmaßnahmen an Zäunen oder Wänden auf oder direkt an der gemeinsamen Grundstücksgrenze. Besondere Vereinbarungen mit Nachbarn, die von den allgemeinen Vorschriften abweichen, sollte man schriftlich festhalten. Dies betrifft besonders die Bepflanzung, da am Anfang noch nicht absehbar ist, inwieweit hochgewachsene Sträucher und Bäume einmal das Grundstück beeinträchtigen.

Nagelbinder

Der → Binder einer Dachkonstruktion kann aus Balken oder Brettern zusammengenagelt werden. Wegen der statischen Bedingungen, die Nagelbinder zu erfüllen haben, muß man sich bestätigen lassen, daß die Normen eingehalten wurden. Statt Nagelung kann die Verbindung auch durch Leimen geschehen. Es gelten dann ebenfalls die Kontrollvorschriften.

Nageldübel

Das TOX-Dübel-Werk führt in seinem Programm den sogenannten Uni-Nageldübel, ein Befestigungselement, das die Eigenschaften von Nagel und Dübel miteinander verbindet. Der Nageldübel besteht aus Kunststoff und wird wie ein Nagel einfach in das Bohrloch eingeschlagen, wobei sich die Lamellen an die Bohrlochwand

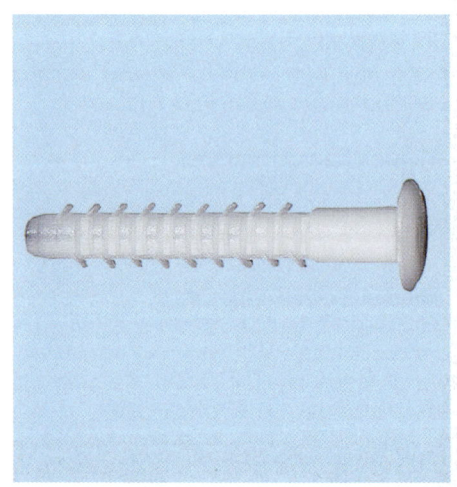

Der Uni-Nageldübel übt die Funktion von Dübel und Nagel in einem aus. *TOX-Dübel-Werk*

TOX-DÜBEL HALTEN

Allzweckdübel,

Standard-Dübel,

Langdübel, Metall-

Hohlraumdübel,

Schwerlastbefestigungen,

Sanitär- und

Spezialbefestigungen

TOX- DÜBEL-WERK
D-78346 Bodman-Ludwigshafen

Nebenkosten

pressen und so eine optimale Befestigung erzielen. Zur Befestigung von Fußleisten, Kabelkanälen, Hinweisschildern, Holzbekleidungen etc. ist der Uni-Nageldübel der schnellste Helfer. → TOX-Dübel-Werk

Nebenkosten
Zu den Nebenkosten zählen beim Erwerb von Immobilien im wesentlichen die Maklerprovision, die Gerichts- und Notarkosten sowie die Grunderwerbssteuer (→ Baunebenkosten).

Nichtveranlagungs-Bescheinigung
Eine Nichtveranlagungs-Bescheinigung wird auf Antrag vom Finanzamt ausgestellt, wenn das Einkommen DM 27.000,- bzw. DM 54.000,- (Ledige/Verheiratete) pro Jahr nicht übersteigt und keine Pflicht zur Einkommensteuererklärung besteht.

Niedrigenergiehaus
Ökologisch und ökonomisch zukunftsweisend – das SCHWENK Dämmtechnik Niedrigenergiehaus spart bis zu 60 % der Heizenergie gegenüber konventionell gebauten Häusern. Durch hochwärmegedämmte Bauteile, z. B. mit dem SCHWENK Thermo-Block-System, wird bei einem Einfamilienhaus ein jährlicher Verbrauch von nur etwa 800 Litern Heizöl bzw. 800 m^3 Gas gemessen. In der Bauausführung muß der Planer konsequent Wärmebrücken vermeiden und auf eine hohe Luftdichtigkeit der Gebäudehülle achten. Die Wärmebilanzierung wird vom Planer durchgeführt und durch den Wärmebedarfsausweis ausgewiesen.

Aufgrund der verminderten CO_2-Ermissionen werden Niedrigenergiehäuser in den meisten Bundesländern finanziell gefördert. → Schwenk

Öffentliche Mittel
Neben den Mitteln aus dem Eigenheimzulagengesetz des Bundes und den → Bauförderungsprogrammen der Bundesländer können Immobilienbesitzer auch für Instandhaltungsmaßnahmen oder besondere energiesparende Anlagen, z. B. Solarkollektoren, u. U. Fördermittel des Bundes oder des jeweiligen Bundeslandes in Anspruch nehmen. Auskunft erteilen u. a. diese Stellen: Kreditanstalt für Wiederaufbau (KfW), Telefon 0 69/7 43 10, Bundesamt für Wirtschaft (ABW), Telefon 0 61 96/40 40, Deutsche Ausgleichsbank, Telefon 02 28/8 31 24 00.

Ökologie
Natürliche Dämmbaustoffe für gesundes Bauen. Wärmeschutz senkt den Energieverbrauch und leistet damit einen wichtigen Beitrag zum Umweltschutz. SCHWENK Dämmtechnik Dämmsysteme und Produkte werden aus der ökologischen gesamtheitlichen Betrachtung aus Styropor gefertigt. Alle Schwenk Dämmtechnik Styropor-Systeme sind 100 % FCKW-frei und voll recyclingfähig. Die Schwenk Dämmtechnik Leichtbauplatten sind ein Naturprodukt. Für die Produktion wird ausschließlich Bruch-

Niedrigenergiehäuser setzen ökologisch und ökonomisch neue Maßstäbe.   *Schwenk*

Räume teilen, ohne Raum zu verschenken.

Aus eins mach zwei leicht gemacht: mit Trennwänden aus KS-Bauplatten. Die haben die Schalldämmung und Stabilität des Kalksandsteins bei nur 7 cm Stärke. Das spart Platz, Geld und Gewicht, was besonders im Altbau zum Tragen kommt. Und wie schnell und sauber man damit glatte Trennwände ziehen kann, erfahren Sie per Coupon oder Fax: 05 11/2 79 54 54.

Bauen… natürlich mit Kalksandstein.

An die Kalksandstein-Information,
Postfach 21 01 60, 30401 Hannover

Adresse

BHW/97/98/P

KS*
KALKSANDSTEIN

Ölheizung

holz aus der Forstwirtschaft verwendet. Das Holz wird zerspant und mit Zementschlämme mineralisiert. Bei diesem Schwenk Dämmtechnik-Verfahren werden keine Holzschutzmittel und schädlichen Bindemittel benötigt, denn Bauen bedeutet Verantwortung – und das für Generationen.
→ Schwenk

Ölheizung

Die Ölheizungstechnik hat sich vor dem Hintergrund steigender Komfort- und Umweltschutzansprüche kontinuierlich weiterentwickelt. Im Heizungsmarkt sind sogenannte »Öl-Units« sehr erfolgreich. Bauherren oder Modernisierer, die sich für eine solche Heizanlage entscheiden, erhalten eine optimal abgestimmte Ölbrenner-Kessel-Kombination einschließlich einer Regeleinheit. Öl-Units sorgen bedarfsgerecht für Raumwärme und warmes Wasser, verbrauchen dabei deutlich weniger Energie und setzen erheblich weniger Schadstoffe frei als veraltete Heizanlagen. Der Platzbedarf einer Unit mit untergestelltem oder aufgesetztem Warmwasserspeicher liegt bei ca. 1 m^2. → Öltank

Zwei heiztechnische Prinzipien stehen zur Auswahl:

Öl-Niedertemperaturtechnik

Die meisten der derzeit installierten modernen Ölheizungen für den Leistungsbereich von 14 bis 25 Kilowatt sind Niedrigtemperatur-Anlagen (NT). Im Vergleich zu veralteten Standardkesseln erzielt die NT-Technik die benötigten Wärmemengen mit niedrigen Kesselwassertemperaturen (45 bis 50 °C im Jahresdurchschnitt). Hierdurch werden die Abstrahlungs-, Stillstands- sowie Abgasverluste deutlich reduziert. Moderne Öl-Niedertemperaturheizungen erreichen Wirkungsgrade von bis zu 94 %. Sie verbrauchen bis zu 30 % weniger Heizöl als veraltete Heizanlagen, die häufig nicht mal zwei Drittel des Brennstoffs in nutzbare Wärme umsetzen.

Öl-Brennwerttechnik

Ein noch höherer Wirkungsgrad der Heizung läßt sich erzielen, wenn zusätzlich die Wärmeenergie der bis zu 200 °C heißen Abgase des Heizkessels genutzt werden. Bei der Öl-Brennwerttechnik wird mit Hilfe eines zusätzlichen Wärmeübertragers das aus den Heizkörpern zurückfließende,

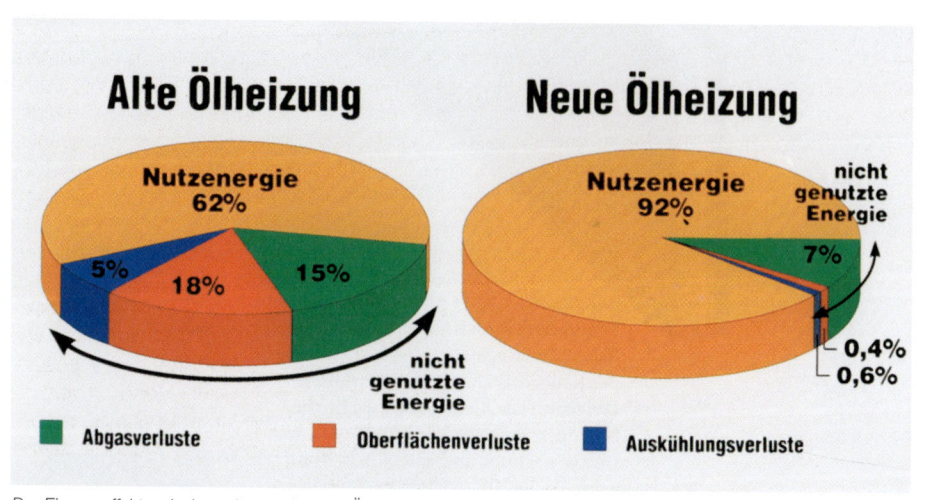

Der Einspareffekt zwischen alter und neuer Ölheizanlage. *IWO*

Passivhaus

abgekühlte Heizwasser durch die Abgaswärme vorgeheizt. Sobald das Abgas durch den Wärmeentzug eine Temperatur von unter 47 °C hat, tritt der Brennwerteffekt ein: Wasserdampf, der bei der Verbrennung von Heizöl entsteht und im Abgas enthalten ist, erreicht den Taupunkt und kondensiert. Dabei wird Kondensationswärme freigesetzt, die dem Heizkreislauf zugeführt wird. Für die Ableitung des abgekühlten Abgases reichen preisgünstige Kunststoffrohre aus. Das anfallende Kondensat wird in einer einfachen Neutralisationsbox so aufbereitet, daß es in das Abwassersystem eingeleitet werden kann.

Ganz gleich, ob NT- oder Brennwerttechnik zum Einsatz kommt, beide sind anerkannt schadstoffarm. Die ab 1. Januar 1998 für neuinstallierte Heizungen verbindlichen Grenzwerte für Abgasverluste halten regelmäßig gewartete moderne Ölheizungen problemlos ein. → IWO

Öltank

Bei der Heizöllagerung im Gebäude stellen alterungsbeständige Batterietanks aus Polyethylen (PE) oder Polyamid (PA) eine sichere und kostengünstige Lösung dar. Auf eine öldichte Auffangwanne kann verzichtet werden, wenn diese Tanks doppelwandig sind (z. B. durch eine Stahlummantelung) oder aus glasfaserverstärktem Kunststoff (GFK) gefertigt sind. Mit einem standortge-

fertigten Stahltank lassen sich Leerräume opimal nutzen, z. B. als Dreieckskonstruktion unter der Kellertreppe. Zusammen mit einem 3000-Liter-Kellertank benötigt die moderne → Ölheizung eine Fläche von rund 5 m². Ein separater Heizöllagerraum ist bei Mengen von unter 5000 Litern nicht erforderlich. Mit einem Erdtank, diese Variante bietet sich insbesondere beim Neubau an, schrumpft der Platzbedarf für die Ölheizung im Gebäude auf 1 m². → IWO

Parzelle

Die Parzelle ist ein im Grundbuch eingetragenes Grundstück, entstanden bei der → Baulandumlegung. Angestrebt wird bei der Einteilung in Parzellen durch eine geschickte Planung und Aufteilung, die Kosten für die Erschließung (Straßen, Kanalisation, Wasserversorgung, Strom, Gas etc.) immer so gering wie möglich zu halten.

Passivhaus

Das Passiv- oder Nullheizenergiehaus ist die Steigerung des → Niedrigenergiehauses. Durch intelligente Planung wird hierbei über die nach Süden gerichteten Fensterflächen Sonnenenergie passiv zur Gebäudeheizung genutzt. Weitere passiv genutzte Wärmequellen sind Haushaltsgeräte, Lampen und die Bewohner selbst. Ziel ist der Wegfall einer konventionellen Heizungsanlage. So können nicht nur Betriebskosten, sondern auch Investitionen im Bereich Haustechnik drastisch gesenkt werden.

Grundlegende Voraussetzungen sind neben der Südorientierung des Gebäudes spezielle Fenster, integrierte Lüftungstechnik mit Wärmerückgewinnung und vor allem eine hochwirksame Wärmedämmung. SCHWENK stellt hierfür Thermo-Block Dämmwand-Elemente aus Styropor® bereit, die durch tragende Wandbausteine ergänzt werden.

Mit dem SCHWENK ThermoBlock-System

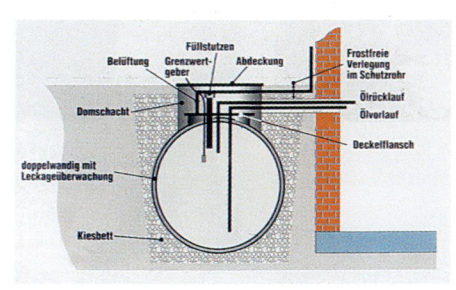

Ein moderner Erdtank: Ihre Entscheidung für die Zukunft. *IWO*

Passivhäuser

können Passivhäuser in massiver Bauweise schnell, sicher, individuell und vor allem kostengünstig erstellt werden. → Schwenk

Passivhäuser

60 % der im privaten Bereich verbrauchten Energie entfallen auf die Gebäudeheizung und Warmwasserbereitung. Die drastische Reduktion des damit verbundenen Schadstoffanfalls ist Herausforderung und dringend geforderter Beitrag zum Klimaschutz.

Durch seine konsequente Südorientierung benötigt das Passivhaus keine Heizung mehr. *isorast*

Die Lösung wird von führenden Forschungsinstituten in Passivhäusern mit annähernd »Null-Heizenergie« gesehen. Diese Häuser verfügen über keine aktive Heizung: Das Gebäude selbst wird mit seinem Korpus als Sonnenkollektor ausgebildet. Sorgfältige Vermeidung von Wärmebrücken, höchste Wärmedämmung, eine Lüftungsanlage mit Wärmerückgewinnung sowie eine intelligente Planung sind Voraussetzung.
Hierzu wurde ein Ideenwettbewerb von der Firma isorast ausgelobt, der neben der gestalterischen Ästhetik und der Eigenschaft des annähernden Null-Heizenergie-Bedarfs auch den Aspekt des kosten- und flächensparenden Bauens bewertete. Zu den prämierten Beiträgen gehört die Arbeit des Architekten Günther Odenwaeller aus Dortmund. Energiekennwert der Arbeit: 15 kWh/(m^2a). Dieser Wert liegt rund 85 % unter den heutigen gesetzlichen Anforderungen. Im Falle einer Realisierung wäre im Vergleich zu einem Gebäude mit Mindestwärmeschutz alleine für die Hausheizung mit einer Kohlendioxid-Entlastung von rund 2.000 kg im Jahr zu rechnen. → isorast

Pfandbrief

Hypothekenbanken vergeben, um ausreichend Mittel für die Vergabe von → Hypothekendarlehen bereitstellen zu können, Schuldverschreibungen. Diese sind übertragbar und mündelsicher, das heißt, der Wert ist durch gesetzliche Maßnahmen gesichert.

Porenbeton

Die Anwendungsmöglichkeiten von Hebel Porenbeton sind nahezu unbegrenzt: Ob

Porenbetonteile gewähren höchsten Wärme-, Schall- und Feuerschutz. *Hebel AG*

Bauprofi oder »Do it yourself«-Bauherr, dank seiner hervorragenden bauphysikalischen Eigenschaften und seiner rationellen Verarbeitungsweise ist Hebel Porenbeton bestens geeignet für den modernen Wohnbau. Vom Keller bis zum Dach entstehen so massiv gebaute Häuser, die die strengen Wärmeschutzvorschriften leicht erreichen. Außerdem ist Hebel Porenbeton unbrennbar und verfügt über einen hohen Schallschutz. → Hebel AG

Porenziegel
Dem → Ton wird ein Granulat aus Polystyrol (Luftporenbildner) beigegeben. Beim Brennen dehnt sich das Granulat aus und hinterläßt Poren. Die Wärmedämmeigenschaften verbessern sich dadurch erheblich, die Festigkeit und die Schalldämmfähigkeit nehmen allerdings ab.

Putz
Aus → Mörtel bestehende Verkleidungsschicht von Decken, Innen- und Außenwänden. Zusätze verschiedener Art machen den Putz für verschiedene Verwendungen geeignet: Putze mit Kunstharz haften gut, können mit Pigmenten gefärbt werden und sind aufgrund ihrer Elastizität praktisch rißfrei. Zuschläge aus körnigem Naturstein erlauben eine interessante Oberflächengestaltung (Edelputz). Putz kann (in dünner Form) aufgeschlämmt, aufgespritzt oder mit der Kelle aufgetragen werden. Das Verreiben und Glätten erfolgt mit der Kelle oder dem Reibebrett. Durch unterschiedliches Führen des Werkzeugs kann man Strukturen herausarbeiten. In Innenräumen wird allerdings meist eine glatte Oberfläche gewünscht.

Quarz
Der in der Natur vorkommende Stoff ist sehr hart und beständig gegen Säure. Quarzsand wird als wichtiger Bestandteil beim Bau verwendet.

Rangstelle

Rabitz
Putz, der auf ein Geflecht von Rabitzrohr (Putzträger) aufgetragen wird. Er ist für Decken und Wände geeignet.

Radiator
Radiatoren sind Heizkörper, die (im Gegensatz zum → Konvektor) die Heizungswärme abstrahlen. Die nötige Oberfläche der Heizkörper errechnet sich aus dem jeweiligen Wärmebedarf. Am günstigsten werden sie in unmittelbarer Nähe zu Fenstern, Balkon- oder Terrassentüren angebracht. Auf die Verkleidung der Heizkörper sollte verzichtet werden, da die Abstrahlung der Wärme stark beeinträchtigt wird und es zu Wärmeverlusten kommen kann.

Radon
Das Edelgas Radon entsteht aus zerfallendem Radium und zerfällt selbst wieder in radioaktive Bestandteile. Der Ausgangsstoff Radium findet sich im Boden und in vielen Baustoffen. Er gelangt über Risse, Leitungen und Fugen ins Haus und damit in die Atemwege. Da mit erhöhter Radonkonzentration die Wahrscheinlichkeit einer Lungenkrebserkrankung steigt, sollte man auf die Auswahl von Baustoffen mit geringem Radiumgehalt achten und vor allem immer für gute Lüftung sorgen.

RAL
Die Bedingungen des Reichsausschusses für Lieferbedingungen RAL sind der gültige Maßstab für die Qualitätsanforderungen, die an Bauelemente zu stellen sind. → Güteklassen

Rangstelle
Bei der Eintragung von → Grundpfandrechten in das Grundbuch wird auch geregelt, welche Ansprüche im Eventualfall der Zahlungsunfähigkeit des Kreditnehmers vorrangig zu erfüllen sind. In aller Regel werden →

81

Rationelles Bauen

Produkte mit dem RAL-Zeichen erfüllen Mindestanforderungen an Gebrauchstauglichkeit und Sicherheit *RAL*

Hypothekendarlehen ausschließlich an die erste Rangstelle vergeben.

Rationelles Bauen
Mit dem Kalksandstein-Bausystem, großformatigen KS-R-Blocksteinen und den Wandbausätzen KS-Planelemente (KS-PE) und KS-Quadro geht das Bauen schneller und wirtschaftlicher. Das KS-Bausystem setzt sich aus verschiedenen Optimierungseinheiten zum kostengünstigen Bauen zusammen. Nut und Feder an den Stoßfugen der Steine, optimierte Griffhilfen, Stumpfstoßtechnik und wirtschaftlicher Geräteeinsatz beim Verarbeiten großformatiger Kalksandsteine mit einem Versetzgerät erleichtern die körperliche Arbeit der Maurer enorm. Bauzeiten werden verkürzt, Zeit und Geld eingespart. → Kalksandstein-Information

Raumhöhen
Die Raumhöhen im modernen Wohnungsbau betragen in der Regel 240 bis 250 cm. Um die Heizkosten für höhere Räume in Altbauwohnungen zu reduzieren, ist es möglich, eine abgehängte Deckenkonstruktion einzuziehen.

Raumklima
Um angenehme Lebensbedingungen im Wohnbereich zu erhalten, müssen alle Aspekte der → Lüftung, Heizung und Beschattung berücksichtigt sein. Grundlage dafür ist, daß in der Planungsphase alle Bedürfnisse mit dem Architekten abgeklärt werden, der diese dann, soweit realistisch und finanzierbar, berücksichtigt.

Raumteiler
Raumteiler können fest angebracht oder beweglich installiert sein. Sie bestehen meist aus Regalen oder Trennwänden.

Regelsparbeitrag
Der Regelsparbeitrag ist in monatlichen, immer gleich hohen Raten zu leisten. Er richtet sich nach der vereinbarten → Bausparsumme und nach dem Tarif. Mit dem Finanzberater wird die Höhe des Regelsparbeitrags jetzt und für die absehbare Zukunft besprochen.

Nach dem rationellen Baukastenprinzip genormte Bauteile. *Kalksandstein-Information*

Wir haben die Temperatur für jeden Anspruch

Jedes Lebewesen braucht von Natur aus sein eigenes Klima. Ein paar Grad zuwenig, und manche Pflanze beginnt zu verblühen. Zum Glück gibt es Heizkörperthermostate von Danfoss. Ob Sie wohlige Baby-Temperaturen benötigen oder während des Urlaubs den Frostschutz (✳ = 8 °C) einstellen – die regeln gradgenau, berücksichtigen fremde Wärmequellen und sparen viel Energie. Das findet die Stiftung Warentest natürlich sehr gut. Fragen Sie Ihren Heizungsfachmann, oder fordern Sie mit dem Coupon kostenlose Informationen an.

Mit Danfoss ist alles geregelt

3095

Regenfallrohre

Regenfallrohre sorgen für eine zuverlässige Dachentwässerung. *AG Ziegeldach*

Regenfallrohre

Die Verbindung von der → Dachrinne zum Standrohr aus Gußeisen oder Stahl im Erdreich erfolgt über das Regenfallrohr. Es wird am Einhangstutzen der Dachrinne mittels eines Rohrbogens oder eines Schrägrohrs befestigt. Wichtig ist, daß ein Laubgitter das Regenfallrohr vor Verunreinigungen schützt. Warten Sie die Dachrinne dennoch regelmäßig. Sind oberhalb der Dachrinne → Dachflächenfenster vorgesehen, muß man auf einem Geruchsverschluß bestehen.

Regenschutzschiene

Das Profil, meist aus verwitterungsbeständigem → Aluminium, ist im unteren Teil des Blendrahmens bei Fenstern, Terrassen- und Balkontüren eingebaut. Diese Form des konstruktiven Holzschutzes sorgt dafür, daß der Anschlag so dicht wie möglich ist. Dennoch in den Falz (besonders wichtig bei Hebetüren) eingedrungenes Wasser kann durch Öffnungen ablaufen.

Renovierung

→ Instandhaltung/Instandsetzung.

Revisionsöffnung/-klappe

Die Revisionsöffnung erlaubt den Zugang zu → Installationen, um diese zu warten oder zu reparieren. Sie ist im Mauerwerk, bei Rolladenkästen und abgehängten Decken zu finden. Die Revisionsklappe sorgt bei eingebauten → Badewannen oder verfliesten Wänden dafür, daß bei Reparaturen ein Zugang zu den Rohrleitungen möglich ist. Neuere Systeme können mit Hilfe einer Saugglocke, die auf die Fliesen gesetzt wird, aus der Wand gelöst werden.

Richtfest

Das Richtfest ist eine traditionelle Veranstaltung, wenn der Rohbau errichtet ist. Sie stellte früher den Anspruch, böse Geister zu vertreiben, und ist heute der Ausdruck der Anerkennung an die Handwerker. Die Kosten für das Richtfest, die auch alle Speisen und Getränke umfassen, zählen zu den reinen → Baukosten und werden steuerlich abgesetzt.

Rippenstreckmetall

Mit Schlitzen versehenes Stahlblech (→ Streckmetall) wird mit Stahlrippen verstärkt. Die Versteifung ist, neben der Aufgabe, Risse im Putz zu vermeiden, auch zur Herstellung von Trennwänden mit niedrigem Raumgewicht geeignet. Das Rippenstreckmetall wird lediglich an der gewünschten Stelle befestigt und verputzt. Auch die Gestaltung von Nischen und Bögen ist so möglich.

Rißbildung

Damit Mauerwerk nicht durch Witterungseinflüsse geschädigt werden kann, muß man immer auf rißfreien → Putz achten. Die Punkte a) und b) sind erhebliche Bau- und Planungsfehler, die nur von Fachleuten begutachtet und mit großem Aufwand behoben werden können. Berechtigte Ansprüche sollte man in besonders schwierigen Fällen mit Hilfe eines Rechtsbeistands

MAUER-TROCKEN-LEGUNG MIT VEINAL®-SYSTEM

Feuchte Keller? Schimmel?
Nasse Wände – Modergeruch
Fordern Sie unsere INFO-MAPPE an

Schuster GmbH – VEINAL® Bauchemie
Haldenloh C12 – 14 · 86465 Welden
Telefon (0 82 93) 70 36-37 · Telefax (0 82 93) 76 97

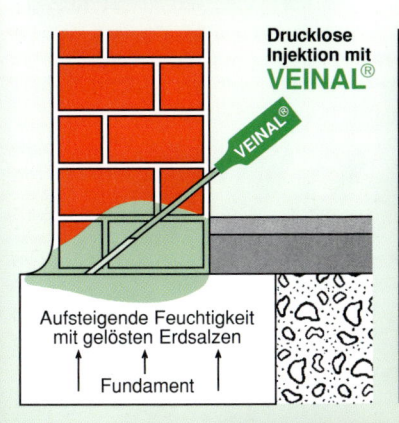

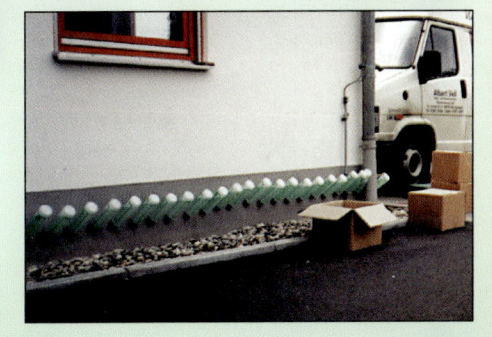

Drucklose Injektion mit VEINAL®

Aufsteigende Feuchtigkeit mit gelösten Erdsalzen
Fundament

Rohbau

durchsetzen. Die Punkte c) bis e) sprechen Fehler an, die man bei einer aufmerksamen Überwachung des Baus vermeiden kann.

a) Risse entstehen aufgrund von → Setzung einzelner Gebäudeteile. Die Ursache liegt in einer mangelhaften Ausführung oder gar Planung des Fundaments. Setzrisse treten auch in ehemaligen Bergbaugebieten auf.

b) Wurde bei der Planung nicht ausreichend oder an den falschen Stellen → Arbeits- oder Dehnfugen berücksichtigt, kann es durch Bewegungen in der Bausubstanz zu Rissen kommen.

c) Wurden Fugen nicht oder mit zu schmalen Fugendeckstreifen überklebt, kann es zu Rissen kommen.

d) Wichtig ist, daß → Putz oder → Mörtel in Fugen nicht zu schnell abbinden darf. Das kann sonst zum Schwinden des Materials und zu Rissen führen.

e) Stoßen Baustoffe mit unterschiedlichem Ausdehnungsverhalten bei Temperaturschwankungen aufeinander, müssen Arbeitsfugen (Dehnfugen) eingeplant und sorgfältig verarbeitet werden.

Rohbau

Der Rohbau ist dann fertiggestellt, wenn das → Fundament, das Mauerwerk, die Deckenkonstruktion und der Dachstuhl errichtet wurden. Der Rohbau muß abgenommen werden (Abnahme), das → Richtfest, dessen Kosten zu den reinen Baukosten zählen, wird gefeiert.

Rohrisolierung

a) Heizungs- und Warmwasserrohre müssen gegen Wärmeverlust ausreichend isoliert werden. Die damit verbundenen Kosten amortisieren sich durch die Einsparung bei den Heizkosten schnell. Durch die Isolierung verhindert man auch, daß sich an den Rohren Kondenswasser bildet und zu Schäden führt.

b) Alle Rohre wirken als Schallträger. Das Rauschen des Wassers in Druckleitungen, alle Geräusche des Abwassers wie auch das Knacken in den Leitungen bei Temperaturänderungen belästigen erheblich. Rohre, die zum Beispiel in Kellerräumen frei aufgehängt wurden, ummantelt man am besten mit Hartschaumhalbschalen, die mit einer PVC-Schicht oder Bitumenpapier verkleidet sind. Schlitze für im Mauerwerk verlaufende Leitungen schäumt man mit Kunstharzen aus oder verwendet Kupferrohre mit einer Ummantelung aus Kunststoff. Rohre, die in der Erde verlegt werden müssen, isoliert man mit Leichtbitumen oder einer Trockenschüttung.

Perfekte Rohrisolierung spart Heizkosten und vermeidet Geräusche. *G+H*

Rohrschlitze

Alle Rohre, die den Wohnbereich mit Wasser, Warmwasser, Strom und Gas versorgen bzw. Abwasser entsorgen, werden im Mauerwerk in Rohrschlitzen verlegt. Ratsam ist, auf ausreichende → Rohrisolierung zur Verhinderung von Schallübertragung zu achten, da besonders Fließwassergeräusche sehr unangenehm sein können. Die Isolierung verhindert auch Wärmeverluste bei Heißwasserleitungen.

DIE FARBEN DES NEUEN URLAUBS

ZUM BEISPIEL GRÜN.

Sanft geschwungene Hügellandschaft in mild-mediterranem Klima. Toskanische Impressionen zwischen Florenz, Siena und dem Tyrrhenischen Meer.

Urlaub in der Club Cordial Residenz.

Als Clubmitglied stehen Ihnen 9 Club Cordial Hotels und zusätzlich weltweit über 1000 Tauschobjekte zur Verfügung. Kultur, Erholung, Gesundheit, Schi-, Wander- und Familienurlaub – Sie verbringen Ihre wertvollsten Wochen dort, wo Urlaub am schönsten ist. Mit Club Cordial sind Sie flexibel, frei und unabhängig und sichern sich höchste Urlaubsqualität zu festen Preisen von

Achensee • Badgastein • Going • Kirchberg • Reith/Kitzbühel • Salzburg • Wien • Marbella • Toscana

CLUB CORDIAL

Cordial Ferienclub AG, A-4020 Linz, Hafferlstraße 7
Telefon 0043/732/7660-0 Fax 0043/732/776507
Internet: http://www.cordial.co.at/cordial/
E-Mail: cordial@cordial.co.at

Ein Unternehmen der IMPERIAL Finanzgruppe

INFO-KUPON

Ja, ich möchte über das vielseitige Angebot des Club Cordial informiert werden.

Vor- und Zuname: ....

Straße: ....

PLZ/Ort: .... Tel.: ....

Ausschneiden und einsenden!

Rolladen

Rolladen
Die Hauptfunktionen von Rolläden sind Sicht- und Sonnenschutz sowie eine gewisse Einbruchshemmung. Der Schutz gegen Einbruch kann mittels einer zusätzlichen Sicherung des Rolladens verbessert werden. Gefertigt werden Rolläden vorzugsweise aus witterungsbeständigem Material wie Kunststoff und Aluminium. Man sollte den pflegeleichteren Kunststoffrolläden den Vorzug geben, da sie kostengünstiger sind und bei Wind weniger Lärm verursachen.

Rostschutzfarben
Um Bauelemente aus Eisen oder → Stahl gegen Rostbildung zu schützen, verwendet man einen zuverlässigen Grundanstrich aus Bleimennige, Bitumen oder Epoxidharz. Der Untergrund muß vor dem → Anstrich gründlich von Fett, Schmutz und losen Farbschichten gereinigt werden. Eventuell ist ein mehrmaliger Anstrich nötig.

Rücklaufverschraubung
Wenn bei einem »Tapetenwechsel« der Heizkörper im Weg ist, sollte er entleert oder abgehängt werden können, ohne daß dazu die gesamte Heizungsanlage abgestellt werden muß. Für solche Fälle gibt es von Danfoss spezielle Rücklaufverschraubungen, mit der jeder Heizkörper individuell abgesperrt werden kann. Schon bei der Erstausrüstung mit Heizkörpern, aber auch bei kompletten Sanierungen der Heizungsanlage empfiehlt sich der kostengünstige Einbau dieses kleinen Zubehörs. → Danfoss

Sachverständiger der IHK
Wenn man ein Gutachten über die Bausubstanz benötigt, möglicherweise bei nachträglich erkannten, erheblichen Baumängeln, so stehen neben dem Architekten die öffentlich bestellten und vereidigten Sachverständigen der Industrie- und Handelskammer zur Verfügung. Das Honorar kann entweder frei vereinbart oder laut HOAI (Honorarordnung für Architekten und Ingenieure) berechnet werden.

Sachwertverfahren
Bei Sachwertverfahren wird der Wert des Grundstücks durch Preisvergleich ermittelt. Bei kleineren Grundstücken, die sich für den Bau von Eigenheimen eignen, ist dies die zuverlässigste Wertermittlung.

Saldensumme
Die Summe der Guthabenstände an den bisher durchlaufenen → Bewertungsstichtagen. Dabei werden Spardauer und Höhe der Sparleistung bewertet.

Sammelheizung
Als Sammelheizung im Gegensatz zur → Einzelheizung gelten all die Anlagen, die mehrere Räume versorgen (Zentralheizung, → Etagenheizung, Warmluftheizung).

Sandwichplatten
Zu den Sandwichplatten zählen alle Plattenverbunde aus mehreren Schichten und

Ein kleines Zubehör als praktische Erleichterung am Heizkörper. *Danfoss*

Sauna

mehreren Materialien: → Holzwolle-Leichtbau- oder → Gipskartonplatten mit Schichten aus Hartschaum, Dämmstoffe in Verbindung mit → Span-, Holzfaser- oder → Sperrholzplatten, → Klinker, Folien u. a. Die positiven Eigenschaften von Sandwichplatten sind, daß sie die Vorteile der einzelnen Materialien kombinieren. Aufgrund des meist geringen Raumgewichts eignen sie sich gut zur Wärmedämmung.

Sanitäre Installationen

Die sanitären Installationen bestehen aus den Zuleitungen für Warm- und Kaltwasser sowie den Ableitungen.

Die Zuleitungen müssen mittels Absperrhähnen im Keller am Hauptwasseranschluß und bei den einzelnen → Armaturen ge-sperrt werden können. Günstig ist, wenn zusätzlich auch die jeweiligen Steigleitungen abzusperren sind. Absperrungen müssen außerdem an allen nach außen führenden Leitungen angebracht werden, so daß diese noch vor dem ersten Frost entleert werden können. Durch Frosteinwirkung können die wasserführenden Leitungen in den Außenwänden platzen.

Pfiffige Armaturen verschönern Ihr Bad. Vergessen Sie jedoch nicht deren regelmäßige Wartung.   *Dornbracht*

Die Ableitungen bestehen aus den Anschlüssen an Waschbecken und → Badewanne sowie den Abläufen am Fußboden, dem Siphon, der Leitung selbst und einem Abluftrohr. Wasser aus Regenrinnen und von Terrassen wird ebenfalls durch Ableitungen in die → Kanalisation oder die Klärgrube geführt. Unerläßlich ist, als vorbeugende Maßnahme, ein Rückstauverschluß im Anschlußstück zur Kanalisation. Er verhindert, daß das Abwasser an die Oberfläche zurückgedrängt wird. Besonders wichtig ist dabei die Isolierung aller Rohre, die sehr sorgfältig ausgeführt werden muß, um kostenintensive Folgeschäden schon durch vorbeugende Maßnahmen zu vermeiden.

Sattelholz

Ein querliegendes Holz, das auf Stützen angebracht wird, um auftretende Lasten zu verteilen (Auflager).

Sauna

Die heilsame Wirkung der Sauna für Körper und Geist ist inzwischen wohl unbestritten. Beim Bau eines Hauses sollte man den Standort einer Sauna bereits in der Planungsphase berücksichtigen. Doch auch ein nachträglicher Einbau stellt angesichts moderner Saunasysteme kein Problem mehr dar. Insgesamt muß man Platz für die Duschkabine, den Ruhebereich und eine Dusche oder ein Tauchbecken einrechnen. Meist bietet sich das Untergeschoß als Standort an. Die notwendigen Wasser- und Elektroanschlüsse sind in der Regel bereits vorhanden. Bei der Anlage der Sauna sollte man unbedingt auf hochwertige Qualität, gute Wärmedämmung und ausreichende Be- und Entlüftung achten. Fachbetriebe bieten komplette Saunasysteme an und sind Garant für Qualität. Saunaanlagen werden heute von vielen Herstellern in jeder Größe und Preisklasse angeboten, so daß es für jeden Geldbeutel eine Saunalösung gibt.

Schadstoffarme Verbrennung

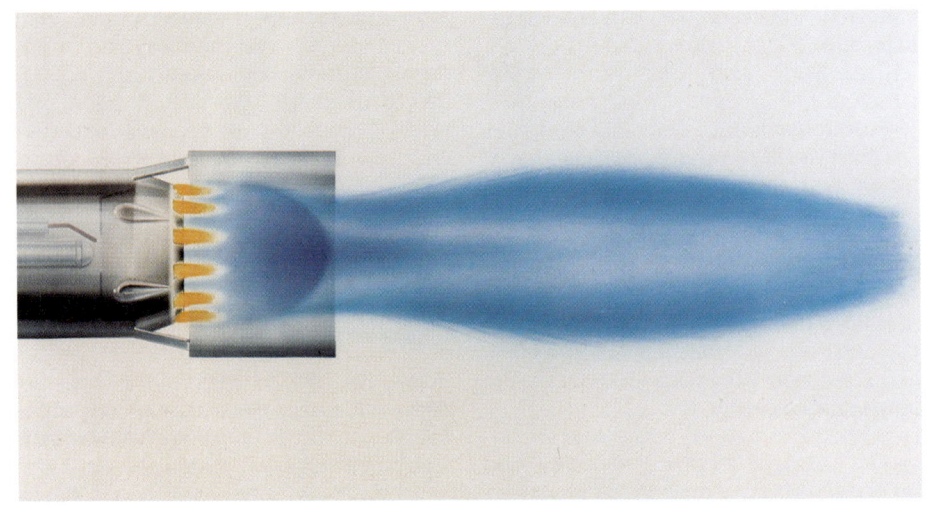

ABIG-Nova-Compact/TWIN-Jet: Brennkammer-unabhängige, blaue, rußfreie und Nox-arme Verbrennung durch patentiertes TWIN-Jet Flammkopfprinzip.
ABIG

Schadstoffarme Verbrennung

Wer in Sachen Schadstoffreduzierung die Maximallösung wünscht, wählt die Euronova-TWIN-Jet-Wärmezentrale. Ausgerüstet mit dem zum Patent angemeldeten TWIN-Jet-Brenner, der mit blauer Flamme brennt, erreicht sie Emissionswerte, die die Grenzwerte des Blauen Engels in allen Kriterien weit unterschreiten. → ABIG

Schalenbauweise

Seit 22 Jahren wird fast unverändert bei der Firma isorast erfolgreich ein Schalungselemente-System aus Hartschaum verkauft. Die Elemente werden wie Lego-Steine zusammengesteckt und geschoßhoch mit Beton gefüllt. Dieses Programm wurde nun komplett überarbeitet und in vielen Details entscheidend verbessert.
Das neue »System 2000« wurde erstmals auf der BAU 97 mit zahlreichen neuen Formteilen vorgestellt. Statt einer Wandstärke werden nun 4 verschiedene Wanddicken angeboten:
- 25 cm »Innenwandstein« mit einem k-Wert von 0,29 W/(m²K), auch für Außenwände zu verwenden;
- 31,25 cm »Außenwandstein« mit einem k-Wert von 0,19 W/(m²K);
- 37,5 cm »Dickwandstein« mit einem k-

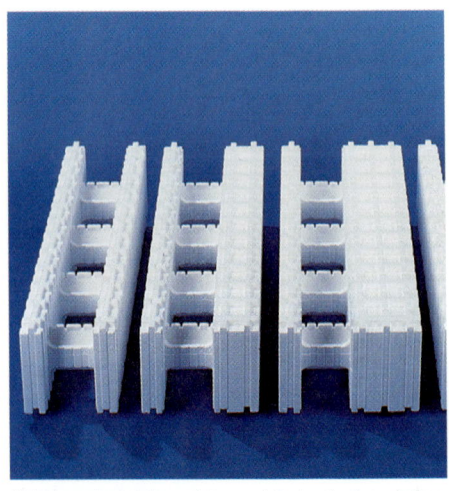

Schalungsbausteine zeichnen sich durch einen hohen Wärmedämmwert aus. *isorast*

Schimmel/Schimmelpilz

Wert von 0,14 W/(m^{2}K), bereits für Passiv-Reihenhäuser mit Energiekennwert von maximal 15 kWh/(m^{2}a);
- 43,75 cm »Super-Dickwandstein« mit einer Dämmschicht von 30 cm und einem k-Wert von 0,11 W/(m^{2}K) für freistehende Passivhäuser.

Das Problem der Schallübertragung bei verputzten Hartschaumelementen konnte durch eine patentierte Anordnung spezieller Vertiefungen um mehr als das 8-fache reduziert werden. Alle Elemente sind sowohl mit Hartschaumstegen als auch mit Metallstegen für erhöhten Brandschutz (F90) erhältlich. Für den kompletten Rohbau sind Stürze, Rolladenkästen, Bogen- und Erkersteine usw. in allen Wandstärken erhältlich.
→ isorast

Schallschutz

Schallschutz kann zum einen durch geeignete Dämmung erreicht werden. Damit einmal entstandener Schall nicht reflektiert wird, wird eine schallschluckende Decken- und Wandverkleidung angebracht. Diese Maßnahme wirkt aber nur im verkleideten Raum, der Weitertransport durch das Mauerwerk in andere Räume wird nicht verhindert (→ Akustik, Akustikplatten).

Schalung

Aus wasserfest verleimtem Holz oder aus → Stahl hergestellte Platten oder andere Formen, die dazu dienen, Betonwände oder Betonbauteile herzustellen. Die öfter zu verwendenden Schalungen werden vor dem Vergießen des → Betons mit einem Entschalungsmittel behandelt, so daß nach dem Aushärten die Schalung leichter wieder abgelöst werden kann.

Schamotte

Schamotte besteht aus bereits gebranntem Kaolin oder → Ton und ist in der Regel gelb oder leicht rötlich. Dieser feuerfeste Werkstoff wird vor allem beim Kamin- oder Schornsteinbau und in den Brennkammern von Heizungsanlagen verwendet.

Schiefer

Die Hauptbestandteile von Schiefer sind → Ton, Glimmer und → Quarz. Er bildet bei Verkleidungen, Treppenanlagen und Fenstersimsen besonders im Außenbereich ein dekoratives Element. Schiefer kann in flache Platten gespalten werden und wird deshalb auch zur Dacheindeckung und Fassadengestaltung benutzt.

Schimmel/Schimmelpilz

Eine häufig unterschätzte Folge von zuviel Feuchte im Mauerwerk sind Schimmelpilzbildungen, die auf feuchten Untergründen ideale Wachstumsvoraussetzungen haben und die Gesundheit der Bewohner schädigen können. Die Firma Schuster GmbH VEINAL®-Bauchemie bietet mit ihrer Klimaplatte eine dauerhafte Lösung an. Diese VEINAL®-Klimaplatten sind diffusionsoffen und werden ohne Dampfsperre verlegt. Dank der guten Wärmedämmung erhöhen sie die Wandtemperatur und vermindern so

Klimaplatten sind eine dauerhafte Lösung gegen schädlichen Schimmelbefall. *VEINAL®*

Schindeln

die Kondensation erheblich. Einmal aufgenommene Feuchtigkeit geben sie kontrolliert wieder ab. Dazu ist lediglich richtiges Lüften erforderlich. Bei einer Innendämmung kann der Taupunkt in die Konstruktion hinein verlegt sein. Dann kommt es zur gefürchteten Innenkondensation am Übergang von der Wand zur Dämmschicht selbst. Die VEINAL®-Klimaplatten meistern dieses Problem verblüffend einfach. Sie transportieren das Kondenswasser über ihr Kapillarsystem sofort an die Oberfläche, wo es schnell verdunstet. Dafür steht der größte Teil des Porenvolumens zur Verfügung. Eine 25 mm dicke Platte transportiert ca. 20 Liter pro Quadratmeter und Stunde. Durch ihre Alkalität verhindern die Platten Schimmelbildung und Insekten- bzw. Ungezieferbefall. → VEINAL®

Schindeln
Aus Lärchen-, Tannen-, Fichten- oder Kiefernholz gefertigte Plättchen zur Dacheindeckung oder Fassadengestaltung.

Schlämme
Ein sehr flüssiger → Anstrich aus mit Wasser vermengtem Kalk und Sand, der mit einer Deckenbürste aufgetragen wird. Trotz des Anstrichs bleibt die Strukturierung des Mauerwerks erkennbar. Mit chemischen Zusätzen versehene Schlämme ist geeignet, Poren und Kapillaren des Baustoffs zu verschließen und damit gegen aufsteigende Feuchtigkeit zu schützen.

Schließanlagen
Für kleinere Anlagen wie Einfamilienhäuser sind Hauptschlüsselanlagen zu empfehlen. Mit nur einem Schlüssel können alle Schlösser geöffnet und geschlossen werden. Nur der Inhaber des Sicherungsscheins kann zusätzliche Schlüssel bestellen. In Mehrfamilienhäusern findet meist die Zentralschloßanlage Verwendung. Jede Partei erhält einen von den anderen verschiedenen Wohnungsschlüssel, der auch für zentrale Türen im Haus paßt.

Schlüsselfertig
Fingerhut Haus, auch bei diesem Angebot hat das Unternehmen viel zu bieten. Nutzen Sie die jahrzehntelange Bauerfahrung mit zeitgerechter Architektur und einem Knowhow von angenehmer Partnerschaft – vom Angebot bis zur Hausübergabe. Fingerhut Haus ist Mitglied in Bundesverband Deutscher Fertigbau (BDF) und unterliegt selbstverständlich einer regelmäßigen Güteüberwachung.
Neben dem Bau von Einfamilienhäusern, bietet das Unternehmen auch Zweck- und Objektbau, Umbau oder Aufstockungen oder Doppelhäuser an.
Wertbeständig für Generationen, eben ein Fingerhut-Haus! → Fingerhut Haus

Fertighäuser sind das Synonym für eine schlüsselfertige Bauweise. *Fingerhut Haus*

Schlüsselfertige Häuser
Hebel Haus, das ist das Programm rundum massiv gebauter Ein- und Zweifamilienhäuser hoher Qualität. Hebel Häuser werden auch schlüsselfertig gebaut – bereit zum

Schutzraum

Die schlüsselfertige Bereitstellung entlastet den Bauherrn. *Hebel AG*

Einziehen. Eines haben alle Hebel Häuser gemeinsam: die Vorteile, die der Markenbaustoff Hebel Porenbeton und das hochentwickelte Hebel Bausystem bieten. In einem rundum aus einem Guß massiv gebauten Hebel Haus wohnt man behaglich, ruhig und geborgen. Dazu kommt der Service, den nur ein zuverlässiger, seriöser Partner bieten kann. → Hebel AG

Schneefang
Bei Häusern, an denen ein Gehweg entlangführt, über ungeschützten Hauseingängen, Terrassen und Balkonen muß an der Traufe ein flaches Gitter angebracht sein, das abrutschenden Schnee abfängt.

Schneelast
Für Flachdächer und Dachneigungen bis 60 Grad sind nach DIN 1055 Konstruktionen vorgeschrieben, die bestimmte Schneelasten tragen können. Für Dächer, die noch steiler sind, gelten nur in besonders schneereichen Gegenden Vorschriften. Der Architekt kann die nötigen Informationen beschaffen.

Schornstein
Durch den Schornstein leitet man die entstehenden Abgase der Heizungsanlagen ab. Sie können gemauert, aber auch aus Formsteinen gesetzt werden. Häufig verwendete Materialien sind → Beton und → Schamotte. Die uneingeschränkte Funktionstüchtigkeit des Schornsteins wird für die Abnahme des → Rohbaus vom Schornsteinfeger bestätigt.

Schüttbeton
Nach dem Aufstellen der → Schalung oder nachdem die Schalenbausteine eingesetzt wurden, kann der nicht allzu flüssige → Beton eingefüllt werden. Entmischung und ungleichmäßige Verdichtung ist zu vermeiden. Um ein befriedigendes Ergebnis zu erzielen, sollten die einzelnen aufgeschütteten Lagen nicht zu mächtig sein und gründlich mit einem Rüttler (→ Vibratoren) durchgearbeitet werden. Die → Bewehrung darf sich nicht verschieben.

Schutzanstrich
Umwelt- und Witterungseinflüsse greifen in verschiedenster Weise unbehandeltes Material an. Folgen sind die Zerstörung durch aggressive Säuren, Fäule, Pilz- und Insektenbefall oder Feuer. Holz kann durch Kesseldruckimprägnierung, Öle, Salze, Lacke und Lasuren, Mauerwerk mittels → Fluaten, Wasserglas, Kalk- und Zementfarben sowie Silikonen geschützt werden. Die verwendeten Substanzen sollten nach Möglichkeit die Atmungsaktivität des Untergrunds nicht einschränken. Mit dem »Blauen Engel« gekennzeichnete Produkte sind oftmals wasserlöslich und ebenso haltbar wie andere Mittel.

Schutzraum
Damit Kellerräume als Schutzraum anerkannt werden können, müssen folgende Bedingungen erfüllt sein: Mauern und Decken müssen genügend dick und mit

Schwachstrom

starker Bewehrung versehen sein, Einrichtungen wie Schleusen für den Zugang, ein Notausstieg, ein zusätzliches WC, Ruheplätze für mindestens 7 Personen, Luftzufuhr über einen Filter sowie eine Notstromanlage sind Bedingung. Bei der Bundeshauptstelle des Bundesverbandes für den Selbstschutz in Köln sind alle Informationen zu Bau, Finanzierung und steuerlichen Vergünstigungen für den Schutzraumbau erhältlich.

Schwachstrom
Bei den Elektroinstallationen ist Schwachstrom für Klingel, Telefon, Türöffner sowie Tür- und Haussprechanlage einzuplanen.

Schweißen
Es können Werkstoffe wie zum Beispiel alle Kunststoffe, Glas, → Aluminium und natürlich → Stahl ver- oder geschweißt werden. Die zu verbindenden Kanten oder Flächen werden zunächst von Schmutz, Fett und Oxidschichten gereinigt und dann mehr oder weniger stark erhitzt und unter Druck zusammengepreßt. Speziell bei Stahl wird ein geeigneter Draht für die Herstellung der Schweißnaht benötigt. Unter dem Begriff »Schweißen« kann man auch Lötarbeiten und das Abdichten mit dauerplastischen oder zweikomponentigen Kitten verstehen.

Schwenk
E. Schwenk Dämmtechnik GmbH & Co. KG, 86883 Landsberg, Postfach 1353, Tel.: 08191/1 27-1, Fax: 08191/3 29 54. Angebote: → Dämmsysteme, → Niedrigenergiehaus, → Ökologie, → Passivhaus.

Schwimmbadfilter
Wasser aus dem Schwimmbecken muß regelmäßig gereinigt werden, um Schmutzablagerungen und Algenbildung zu verhindern. Besondere Schwimmbadfilter leiten das Wasser durch Kies, Sand, Kieselgur und porenreichen Kunststoff. Hängengebliebener Schmutz wird durch entgegengesetzte Spülung aus dem Filter gewaschen und in die Kanalisation geleitet.

SchwörerHaus
SchwörerHaus GmbH & Co., 72530 Hohenstein, Oberstetten/Postfach, Tel.: 07387/16-0, Fax: 037 87/ 1 62 38. Angebote: → Fertigbauweise, → Haustechnik, → Solarpreis, → WärmeGewinnTechnik.

Selbstbau Hebel Haus
Bei einem Selbstbau Hebel Haus steht dem »Do it yourself«-Bauherrn ein kompletter Bauherren-Service zur Verfügung, der ihm die bürokratischen Lasten abnimmt. Dazu gehören Planung, Entwurf, Statik, Baueingabe, Finanzierungsberatung, Logistik und Einweisung durch einen erfahrenen Fachmann auf der Baustelle. Mit speziellen Ausbaupaketen stellt Hebel alle Möglichkeiten zur Eigenleistung beim Bau des eigenen Hauses zur Verfügung. Dazu bietet Hebel Haus dem Selbstbauer zusätzliche Sicherheit durch eine umfassende Bauherren-Schulung. → Hebel AG

»Do it yourself«-Bauherren werden rundum beraten und geschult. *Hebel AG*

Solaranlagen

Setzung
Besondere Gefahr für die Bausubstanz liegt in der nicht vorausberechneten, unkontrollierten und ungleichmäßigen Setzung, die eine ganz erhebliche Schädigung der Bausubstanz bedeutet. Der Untergrund des Fundaments kann aufgrund von Erschütterungen, Änderungen des Grundwasserspiegels, Bergbauschäden sowie eine schlechte Vorbereitung des Untergrunds in Bewegung geraten und der Last des Hauses nachgeben. Sorgfältige → Baugrunduntersuchungen bewahren vor solchen Schäden. Sollten trotzdem Risse entstehen, kann man den sachverständigen Rat eines Gutachters (z. B. → Sachverständiger der Industrie- und Handelskammer) einholen.

Sicherheitsschloß
Bei der Einbruchsicherung sind oft die Türschlösser gefährliche Schwachstellen. Sichere Zylinderschlösser ragen nicht über die Türfläche hinaus und sind mit einer Rosette oder einem Langschild versehen. Diese Sicherheitseinrichtungen dürfen nicht von außen zu lösen sein. Der Sicherungsschein stellt sicher, daß kein Unbefugter den Schlüssel nachmachen kann.

Sichtmauerwerk
Wie Sichtbeton kann auch unverputztes Mauerwerk zur Gestaltung von Flächen eingesetzt werden. Problemlos ist die Verwendung in den Innenräumen. Im Außenbereich müssen die Werkstoffe beständig gegen Frost und frei von Rissen sein. → Kalksandstein und → Klinker sind geeignet.

Sickergrube
Die Sickergrube ist ein Bestandteil der → Klärgrube, die man miteinplanen muß, wenn der Anschluß an die öffentliche Kanalisation nicht möglich ist. Über die Sickergrube werden Regenwasser und die überlaufende Flüssigkeit aus der Faulgrube abgeleitet. Die Sickergrube muß so tief in das Erdreich reichen, bis sie auf eine wasserdurchlässige Schicht trifft.

Silikone
Um → Beton, → Putz oder → Klinker gegen eindringende Feuchtigkeit zu schützen, kann ein → Anstrich mit geeignet aufbereitetem Silikon erfolgen. Die Atmungsaktivität wird durch einen Silikonanstrich nicht beeinträchtigt.

Sinterung
Das Brennen von → Ton unter besonders hohen Temperaturen, um Glasuren und → Klinker herzustellen.

Skelettbau
Weit verbreitet ist die Skelettbauweise in Form von Fachwerk. Der Raum zwischen dem Balkengerüst wird mit Lehm oder → Ziegel verfüllt. Der moderne Skelettbau verwendet Stütz- und Trägerelemente aus → Stahl, Holz oder → Beton, der an Ort und Stelle gegossen oder vorgefertigt wird. Ausgefacht wird mit Mauerwerk oder → Sandwichplatten.

Skimmer
Um das Wasser des Schwimmbeckens von groben Verunreinigungen zu reinigen, wird das Wasser mittels des Skimmers aus der Überlaufrinne abgesaugt und durch den Schwimmbadfilter geleitet.

Solaranlagen
Solaranlagen sind eine sinnvolle und umweltfreundliche Ergänzung zur herkömmlichen Heizanlage. Sie decken bis zu zwei Drittel des Energiebedarfs zur Warmwasserbereitung ab. Der Schnitt durch den Flachkollektor TopSon von Wolf zeigt hochwertige Materialien: Das vier Millimeter starke, entspiegelte Sicherheitsglas gewährt eine Energiedurchlässigkeit von 92 Prozent und schützt den Kollektor vor Verschmutzung. Die hochselektive Schwarznickel-

Solarpreis

Beschichtung des Absorbers nimmt bis zu 97 Prozent der eindringenden Sonnenenergie auf und senkt die Abstrahlverluste auf 9 Prozent. Ovale Absorber-Rohre aus Kupfer leiten die aufgenommene Wärme an die Solarflüssigkeit weiter. Diese zirkuliert durch den Warmwasserspeicher und erwärmt das Brauchwasser. Fertige Aufziegel- und Indachmontage-Sets integrieren den Kollektor harmonisch in die Dachfläche. Alle Komponenten der Wolf Solarpalette sind aufeinander abgestimmt, die Montage einer Wolf Solaranlage geht einfach und schnell. In ein bis zwei Tagen ist die gesamte Anlage installiert und betriebsbereit. → Wolf

Der Hochleistungs-Flachkollektor TopSon im Schnitt: Hochwertige Materialien und ausgereifte Technik garantieren hohe Energieaufnahme und Langlebigkeit. Eine Solaranlage deckt bis zu zwei Drittel des Energiebedarfs zur Warmwasserbereitung. *Wolf*

Solarpreis

Die Firma SchwörerHaus wurde gemeinsam mit dem Solaranlagenhersteller Ikarus-Solar mit dem Europäischen Solarpreis 1996 ausgezeichnet. Mit dieser internationalen Anerkennung wurde die Vorreiterrolle der Firma im Umweltschutz geehrt.

Der schwäbische Haushersteller stattet schon seit 1995 jedes »WärmeGewinn-Haus« serienmäßig mit einer Thermo-Solaranlage aus. Mit den ca. 1000 neuen Fertighäusern pro Jahr können Jahr für Jahr runde 700 Tonnen weniger Treibhausgas in die Atmosphäre geblasen werden. → SchwörerHaus

Solarsystem

Immer mehr Bauherren setzen Solar-Systeme zur Warmwasserbereitung und zur Unterstützung ihrer Heizungsanlage ein. Sie sparen damit Brennstoff und schonen so die Umwelt. Hauptbestandteile des Solar-Systems DIAMANT sind der Hochleistungs-Sonnenkollektor DIAMANT sowie das »Drain-Back-System« (DBS).

Absorber und Schutzglas des Sonnenkollektors DIAMANT sind völlig dicht miteinander verbunden. Im Zwischenraum befindet sich reines Edelgas. So erreicht man neben einer besseren Wärmeausbeute absolute Kondenswasserfreiheit im Kollektor.

Mit dem »Drain-Back-System« (DBS) gehört

Solarsysteme werden zur Erwärmung von Brauchwasser und Unterstützung des Heizkessels eingesetzt. Durch aufeinander abgestimmte Baukastensysteme bieten sich einfache Montagemöglichkeiten. *Buderus*

Spannteppich

zum System DIAMANT ein innovatives Regel- und Kontrollsystem, besonders unter Umweltaspekten. Im Gegensatz zu anderen Solarsystemen kann das System DIAMANT mit normalem Wasser ohne chemische Zusätze befüllt werden. Das Drain-Back-System regelt die Solaranlage so, daß das Wasser nur bei Bedarf in die Kollektoren gepumpt wird. Ansonsten sammelt sich das Wasser in einem Ausgleichsbehälter. So wird die Anlage vor Überhitzung oder Einfrieren geschützt. → Buderus

Sondertilgungen
Neben den monatlichen Tilgungsraten ist es dem Bausparer möglich, jederzeit Sondertilgungen zu leisten, um das Bauspardarlehen ganz oder teilweise zurückzuzahlen. Alternativ kann unter bestimmten Voraussetzungen auch der Tilgungsbetrag reduziert werden. Bei anderen Baukrediten ist eine Sondertilgung vor Ablauf der Zinsfestschreibung nicht möglich.

Sonderzahlungen
Ist der Bausparer in der Lage, zusätzlich zum → Regelsparbeitrag Zahlungen zu leisten, kann er damit die Laufzeit bis zur Zuteilung verkürzen.

Sonnenkollektoren
Anlagen zur Energiegewinnung durch die Sonne bestehen aus den Sonnenkollektoren, einem Leitungssystem, der Speicher- und einer Regeleinheit. Der Kollektor absorbiert mit einer schwarzen Platte das Sonnenlicht und wandelt es in Wärme um. Mittels einer Pumpe wird eine geeignete Flüssigkeit durch den Kollektor geleitet und gibt die Wärmeenergie in der Speichereinheit über eine Wärmetauscheranlage an das Wasser im Speicher ab. Zusätzlich zur Energieversorgung mit Sonnenkollektoren sollte vorsichtshalber eine einfache, unterstützende Heizmöglichkeit für die Wintermonate eingeplant werden.

Sonnenschutz
Direkte Einstrahlung der Sonne führt teilweise zu einer hohen Erwärmung eines Raums oder blendet. Den nachhaltigsten Wärmeschutz erreicht man mit außen angebrachten Schutzeinrichtungen. Konstruktive Maßnahmen gegen erhöhte Erwärmung des Mauerwerks sind Baustoffe mit hohem Luftanteil, Isolierschicht zwischen Mauerwerk und Fassade und die Verwendung von Isolierglas.

Spachtelmasse
Spachtelmassen dienen in der Hauptsache zum Ausgleichen von rauhem oder unebenem Untergrund. Sie dürfen nicht in zu dicken Schichten aufgetragen werden, da es beim Austrocknen zu Rissen kommen kann. Gegebenenfalls muß der Auftrag in mehreren dünnen Schichten erfolgen. Nur auf so geglättetem Untergrund kann ein Belag sicher und attraktiv verlegt werden.

Spaltplatten
Die Platten aus Grobkeramik brennt man so, daß auf der Vorder- und Rückseite eine dekorative Fläche entsteht. Nach dem Brennvorgang werden sie mittels eingearbeiteter Stege gespalten. Spaltplatten sind witterungs- und lichtunempfindlich sowie widerstandsfähig gegen aggressive Mittel und Frost.

Spannbeton
Die Bewehrung in Betonbauteilen, die großen Belastungen standhalten müssen (Brücken, große Deckenflächen), besteht aus Stahldraht und wird vor oder nach dem Vergießen der → Schalung mit → Beton gespannt (Spannbewehrung).

Spannteppich
Teppichböden, die man nicht verklebt, können gespannt verlegt werden. Verrutschen und Wellenbildung sind so im Unterschied zur losen Verlegung zu vermeiden.

Spanplatten

Spanplatten
Holzspäne, gemischt mit Kunstharz, formt man unter Druck zu Spanplatten. Ihr Vorteil liegt in der Raum- und Formstabilität sowie der guten Wärme- und, aufgrund des hohen spezifischen Gewichts, guten Schalldämmung. Verwendet werden diese stabilen und gut zu verarbeitenden Platten als Untergrund für → Fußböden, als Wandkonstruktionen, zum Türen- und Möbelbau und vielen anderen Zwecken im Innenausbau. Sinnvoll ist, beim Kauf von Spanplatten oder aus Spanplatten gefertigten Bauteilen unbedingt auf von → Formaldehyd freies Material zu achten, das nicht gesundheitsschädlich ist.

Sparverblender
Mit dünnen Riemchen, deren Oberflächen dieselbe Gestaltung und Größe haben wie volle → Klinker, kann man Mauerwerk so verblenden, daß derselbe Schutz der Mauer gegen Witterungseinflüsse erzielt wird. Fassaden aus Vormauerwerk und Sparverblendern sind in der Ansicht nicht voneinander zu unterscheiden.

Sparren
Sparren sind die schräg gelagerten Teile einer Dachstuhlkonstruktion. Diese Balken verlaufen senkrecht zum First (vgl. Pfetten) und tragen die Latten, an welchen später die Dachziegel befestigt werden können.

Speicherheizgeräte
Die meisten Elektroheizanlagen sind aus wirtschaftlichen Gründen als Nachtstromspeicherung konzipiert. Die in Keramikmaterial gespeicherte Wärme wird über angesaugte und wieder abgegebene Luft im Raum verteilt. Geregelt werden solche Geräte per Hand oder mittels Thermostat. Kosteneinsparung entsteht durch billigen Nachtstrom und nicht benötigte Einrichtungen wie Brennstoffraum oder → Schornstein, wobei aus ökologischen Gründen langfristig auf elektrische Heizgeräte verzichtet werden sollte.

Sperrholz
a) Stäbchensperrholz besteht aus einer verleimten Fläche aus Holzleisten, die mit einem Furnier auf beiden Deckflächen versehen sind. Sie sind im Handel unter der Bezeichnung Tischlerplatten bekannt.
b) Furniersperrholz verleimt man aus mehreren Lagen von Furnierholz. Die beiden äußeren Schichten können aus verschiedenen Edelholzfurnieren bestehen.
Sperrholz ist selbst bei geringer Holzstärke sehr stabil und kann in Plattenform oder gekrümmter Ausführung hergestellt werden. Die einmal vorbereitete Form verändert sich nicht mehr unkontrolliert. Bei Verleimung mit Harzen ist Sperrholz auch beständig gegen mögliche Witterungseinflüsse.

Sperrmittel
→ Mörtel und → Beton können durch den Zusatz von bestimmten chemischen Sperrmitteln wasserundurchlässig gemacht werden (Sperrbeton, → Sperrmörtel, → Sperrputz).

Sperrmörtel
→ Mörtel erhält mittels entsprechender chemischer Zusätze die Eigenschaft, für Wasser undurchlässig zu sein. Das ist vor allem bei erdberührenden Mauern wichtig.

Sperrputz
Zur Verwendung an besonders der Witterung ausgesetzten Seiten kann der → Putz mit Hilfe von → Sperrmitteln so aufbereitet werden, daß er wasserundurchlässig wird.

Spiegelschrank
Der Spiegelschrank als rein funktioneller Stauraum hat ausgedient. Innovationen wie infrarotgesteuerte Beleuchtung und

BESCHEID WISSEN ZUM SCHNUPPERPREIS!!!

SIE ERHALTEN DEN BAUHERRN JETZT IM SCHNUPPERABO! 3 HEFTE FÜR NUR DM 15,–

Damit sind Sie regelmäßig und umfassend über alles informiert – von der Planung bis zum Einzug. In jeder Ausgabe finden Sie ausführliche Berichte über aktuelle Themen, wie Finanzierung, Energiesparen, Baurecht, dazu jede Menge Tips für den Innenausbau und die Einrichtung sowie neue Häuser in Hülle und Fülle.

Der Bauherr
DAS MAGAZIN FÜR MASSIVBAU UND FERTIGHAUS

JA, ich möchte die Zeitschrift DER BAUHERR drei Hefte lang zum Schnupperpreis von DM 15,- kennenlernen. Wenn ich DER BAUHERR weiterhin lesen möchte, brauche ich nichts zu unternehmen. Ich erhalte dann DER BAUHERR jährlich (6 Ausgaben) zum Bezugspreis von DM 40,80 inkl. Versand. Das Abonnement verlängert sich jeweils nur dann um ein weiteres Jahr, wenn ich es nicht spätestens 3 Monate vor Ablauf des Lieferjahres kündige.

Name, Vorname
_____

Straße, Hausnummer
_____

Postleitzahl, Wohnort
☐ Bezahlung bequem und bargeldlos durch Bankeinzug.
_____

Bankleitzahl/Kontonummer
_____

Geldinstitut
☐ Gegen Rechnung.
_____

Datum, 1. Unterschrift des Abonnenten
Garantie: Ich kann diese Vereinbarung innerhalb von 10 Tagen nach Absendung des Bestellcoupons schriftlich beim Compact Verlag Abonnentenservice, Züricher Straße 29, 81476 München widerrufen. Zur Wahrung der Frist genügt die rechtzeitige Absendung des Widerrufs innerhalb dieses Zeitraums. Ich bestätige dies mit meiner zweiten Unterschrift.

2. Unterschrift

SCHICKEN SIE DEN BESTELLCOUPON BITTE AN:
Compact Verlag GmbH
Abonnenten-Service
Züricher Str. 29
81476 München

ODER PER FAX:
089/75 60 95

Spindeltreppe

Schmuckfächer sowie zahlreiche Variationen von Schüben und Glasablagen machen den Spiegelschrank zum Blickfang. Moderne Beleuchtungssysteme geben dem ganzen Bad Charakter, ohne z. B. von den Türen in ihrer Funktion beeinträchtigt zu werden. Klug ausgetüftelte Türmechanismen ermöglichen eine dreidimensional anmutende Sicht bei der kosmetischen Pflege, und das Interieur umfaßt Steckdosen, was bei der täglichen Benutzung viele Handgriffe erleichtert. Hergestellt werden moderne Spiegelschränke aus pulverbeschichtetem Aluminium und Kristallspiegeln. Wer in seinem Bad noch optische Akzente setzen will, wird Gefallen an einem Lichtspiegel finden. → Duscholux

Die funktionale Einheit aus einem Guß: Waschtisch und Spiegelschrank (Milano Spiegelschrank, Wash & Beauty Style, Tecno Cordoba Duschwand). *Duscholux*

Spindeltreppe
Die wesentlichen Konstruktionsteile einer Spindel- oder Wendeltreppe bestehen aus einem in der Mitte befindlichen, von Etage zu Etage reichendem Trägerelement, Stufen, die am Träger befestigt werden, und dem Geländer. Es stehen die unterschiedlichsten Werkstoffe zum Bau einer Spindeltreppe zur Verfügung. Sie ist platzsparend und kann als gestalterisches Element, zum Beispiel als Aufgang zu einer Galerie, eingesetzt werden.

Spritzbeton
Um besonders dichten und damit festen → Beton zu erhalten, spritzt man mit einer geeigneten Maschine den Beton in die → Schalung. Der hohe Druck dient auch dazu, Stellen die sehr beansprucht sind, abzudichten.

Spritzbewurf
Zur Vorbereitung eines Untergrunds, besonders bei → Holzwolle-Leichtbauplatten, wird der grobe Putz mittels einer Kelle an die zu verputzende Fläche geworfen. An Decken und Wänden sorgt der Spritzbewurf dafür, daß der → Putz besser hält.

Spritzputz
→ Putz für Innen- und Außenwände, der mit einer Putzspritzmaschine oder per Hand mit einem Besen aufgetragen wird.

Sprossen
Im Fensterbau und bei verglasten Türen ist es möglich, durch schmale Leisten die Glasflächen zu untergliedern. Im Gegensatz zu früher ist das Glas nicht mehr unterbrochen, die Sprossen werden vorne und hinten aufgesetzt. Der Vorteil dieser Methode liegt darin, daß Fenster und Türen trotz der optischen Untergliederung nicht schwieriger abzudichten sind.

Spültischarmaturen
Moderne Spültischarmaturen können die tägliche Hausarbeit wesentlich erleichtern. Doch sie sollen nicht nur funktionell sein, sondern auch gut aussehen. Eine Küchenarmatur, bei der Design und Funktion besonders gut miteinander harmonieren, ist die Einhandmischer-Serie Hansaronda. Der schlanke Armaturenkörper fügt sich in jedes

Standardleistungsbuch

Küchen-Ambiente ein - gleichgültig, ob nordische Kühle oder südländisches Flair das Umfeld bestimmen. Daß bei dem eleganten Einhandmischer die Funktion die Form bestimmt hat, zeigt der lange, nach oben gerichtete Auslauf der Armatur. Er sorgt vor allem beim Hantieren mit größerem Geschirr wie Suppentöpfen oder Salatschüsseln für mehr Bewegungsfreiheit beim Abwasch. Spätestens dann, wenn es darum geht, lästigen Kaffeesatz vom Beckenrand zu entfernen, macht sich sein Schwenkradius von 150° bezahlt.

Einen Zusatznutzen bietet das auf Wunsch lieferbare Absperrventil für Geschirrspüler oder Waschmaschine. Weil es in jeder Richtung montiert werden kann, müssen sich auch Linkshänder beim Zudrehen nicht mehr verrenken. Für Langlebigkeit und Leichtgängigkeit bei der Bedienung sorgt die Hansaeco-Einheitssteuerpatrone mit ihren keramischen Dichtungsscheiben und den integrierten Fettdepots – Wartungsfreiheit inbegriffen. Der Clou: Eine »Wasserbremse« begrenzt den Hebelweg bei ca. fünf Litern pro Minute. Erst wenn dieser Widerstand überwunden wird, kann der Hebel weiter nach oben bewegt werden und es fließt mehr Wasser.

Auch über den Spülbeckenrand hinaus macht die Hansaronda eine gute Figur. In der Modellvariante mit ausziehbarer Geschirrbrause ist selbst das Auffüllen einer Bodenvase oder das Ausspülen des Mülleimers kein Problem. Das Wasser fließt überall dort, wo es gerade gebraucht wird. Und das in mehreren Strahlarten. So kann per Knopfdruck – beispielsweise zum Entfernen von Speiseresten auf den kräftigen Brausestrahl umgestellt werden. → Hansa

Stahl

Der Werkstoff Stahl ist in Plattenform und vielen Profilformen erhältlich. Seiner Verwendung im Heizungs-, Keller- und Garagenbau sind fast keine Grenzen gesetzt. Er ist biegsam und zugfest und kann deshalb vor allem bei tragenden Bauelementen nicht durch andere Werkstoffe ersetzt werden. Zudem dient er dazu, andere Baustoffe zu verstärken (→ Beton, → Spannbeton). Nicht durch Legierungen veredelter Stahl muß durch Verzinken oder → Anstriche gegen Korrosion geschützt werden.

Stahlbeton

Mit → Stahl bewehrter → Beton zeichnet sich durch seine besondere Belastbarkeit aus. Die → Bewehrung erlaubt die Herstellung einer Vielfalt von Formen, die Beton zu einem fast unersetzlichen Werkstoff macht.

Stahlfenster

Die Fensterkonstruktion aus → Stahl ist üblicherweise nur bei Kellerfenstern zu finden. Als gewisse Ausnahme sind Kunststofffenster zu sehen, deren Hohlprofil einen Stahlkern haben kann.

Standardleistungsbuch

Das Standardleistungsbuch ist das Leistungsverzeichnis der → Ausschreibung. Es

Einhandmischer sind leicht zu handhaben und sparen Wasser. *Hansa AG*

Statik

enthält eine detaillierte Aufstellung aller Arbeits- und Lieferleistungen. Zudem enthält das Standardleistungsbuch die nötigen Angaben, die nach der → Vergabe zum Tragen kommen, wie Zahlungsbedingungen, Terminplanung usw.

Statik
Die Statik im Bauwesen umfaßt die nötigen Berechnungen zu den Elementen, die Belastungen durch Druck, Zug oder Schub erfahren. Die Berechnungen schreiben Mindestwerte vor, wie tragfähig, steif und fest ein Bauteil sein muß. Zudem soll ein ausgewogenes Verhältnis von Materialaufwand und statischer Sicherheit erreicht werden – auch im Hinblick auf die Baukosten. Diese Berechnungen werden von einem Statiker vorgenommen, zu dessen Aufgaben es auch gehört, für Bauteile aus → Stahlbeton die Pläne für die → Bewehrung zu erstellen. Seine Berechnungsgrundlage ist der Bauplan des Architekten. Die statischen Berechnungen sind ein wichtiger Bestandteil der Unterlagen für den Bauantrag und werden als solche von den zuständigen Behörden amtlich geprüft.

Steckdosen
Bei der Planung der elektrischen Anlagen eines Hauses sollte man besondere Aufmerksamkeit der Anzahl und Plazierung der Steckdosen widmen. Voraussetzung dafür ist, daß man sich rechtzeitig über die Nutzung der einzelnen Räume klar wird und besondere Wünsche auch dem → Architekten mitteilt. Zu wenig Steckdosen und der damit verbundene Kabelsalat sind ein vermeidbares Ärgernis. Nicht zu vergessen sind die Steckdosen für Terrasse, Balkon, Garage usw. Der Stromkreis für Steckdosen im Außenbereich muß abzuschalten sein: Einbrechern darf es nicht möglich sein, durch einen Kurzschluß eine Alarmanlage unwirksam zu machen oder den Strom für Einbruchswerkzeug zu nutzen.

Steingut
Wenn → Ton bei nicht besonders hohen Temperaturen gebrannt wird, entsteht ein poröser Werkstoff ohne große Festigkeit. Steingut findet im Bauwesen in der Regel nur als glasierte Kacheln bei Kachelöfen Verwendung.

Steinschutzmittel
Betonwerkstein oder Naturwerksteinplatten können mittels → Silikonen oder → Fluaten gegen Witterungseinflüsse geschützt werden. Diese → Anstriche sind in der Regel farblos, so daß die optische Wirkung des Steins nicht beeinflußt wird.

Steinwolle
Dieses für Dämmung gut geeignete Material ist in Platten- oder Schalenform wie auch als einfaches Füllmaterial im Handel. Steinwolle besteht aus geschmolzenem und dann zu dünnen Fäden gesponnenem Dolomit oder Kalkstein.

Steinzeug
Im Gegensatz zu → Steingut ist Steinzeug ein sehr lange und hart gebrannter → Ton. Es entsteht ein Werkstoff, der sich durch besondere Festigkeit und Dichte auszeichnet und daher frostbeständig ist. Seine Bedeutung hat Steinzeug als Material für Rohre, → Fliesen und sanitäre Einrichtungen wie Waschbecken u. a.

Stichsäge
Geräte mit der professionellen 4-Stufen-Pendelung erlauben in Holz eine Schnittiefe bis zu 80 mm. Absolut materialgerechtes Arbeiten, exakte Schnitte und beste Kurvengängigkeit sind in allen Materialien, einschließlich Stahl bis zu 8 mm, möglich. Das umfangreiche Sägeblattprogramm der Bosch Pendelstichsäge PST 800 PAC »electronic« bietet optimale Anwendung beim Einsatz in Holz, Metall und Kunststoff. Problemloser Sägeblattwechsel ohne Werk-

Steuerliche Förderung

zeug und der Anschluß zur Staubabsaugung ermöglichen sauberes und sicheres Heimwerken. → Bosch

Stickstoffdioxid (NO$_2$)
Bei Verbrennungsvorgängen wie Heizen oder Kochen mit Gas entsteht unter anderem Stickstoffdioxid. Dieses die Gesundheit belastende Abgas erreicht bei der Verbrennung von Gas in älteren Geräten oft bedenkliche Werte. Ratsam ist, sich beim Kauf im Fachhandel nach den modernsten, umweltfreundlichen Anlagen zu erkundigen.

Strahlungsheizung
Zu den Heizungsanlagen, die durch Wärmestrahlung wirken, im Gegensatz zur Umwälzung der Raumluft, zählen die → Radiatoren und die Flächenheizung.

Die Stichsäge ermöglicht auch Gehrungsschnitte oder stationären Betrieb mit dem Sägetisch. *Bosch*

Steuerliche Förderung für selbstgenutztes Wohneigentum			Quelle: BHW
Förderung	**Begünstigte Maßnahme**	**Höhe der Förderung**	**Besonderheiten**
§ 9 Eigenheim-zulagegesetz	**Neubau** oder Anschaffung bis zum Ende des zweiten auf das Jahr der Fertigstellung folgenden Kalenderjahres **Kauf Gebrauchtimmobilie** **Anbau/Ausbau/Umbau**	5 % der Bemessungs-grundlage max. 5.000,– DM p.a. 2,5 % der Bemessungs-grundlage max. 2.500,– p.a. Kinderzulage 1.500,– DM p.a. Dauer: 8 Jahre Die Summe der Eigenheim- und Kinderzulage über die Dauer von 8 Jahren darf die Bemessungsgrundlage (bei An-, Aus- und Umbau max. 50 %) nicht übersteigen.	**Bemessungsgrundlage:** Anschaffungs- bzw. Herstellungs-kosten inkl. Grundstücksanteil, max. 100.000,– DM **Einkommensgrenzen:** Ledig: 240.000,– DM Verheiratet: 480.000,– DM (Bruttoeinkommen des lfd. Jahres zzgl. Brutto des Vorjahres abzügl. Werbungskosten) **Kinder**, die im Haushalt leben, und für die es Kindergeld oder Kinderfreibetrag gibt. **Objektverbrauch:** Ledig: max. 1 Objekt Verheiratet: max. 2 Objekte **Unentgeltliche Überlassung** einer Wohnung an einen nahen Angehörigen nach § 15 AO wird wie Selbstnutzung gefördert (§ 4 Eig.ZulG)
§ 9 Eigenheim-zulagegesetz	**Neubau Niedrigenergiehaus**	400,– DM p.a. zusätzlich zur Eigenheim-zulage	Voraussetzung: – Wärmeeinsparung von mind. 25 % gem. Wärmeschutz-verordnung von 1994 – Anschaffung/Fertigstellung bis Ende 1998
§ 9 Eigenheim-zulagegesetz	**Einbau** von – Wärmepumpen – Solaranlagen und – Anlagen zur Wärme-rückgewinnung	2 % der Bemessungs-grundlage max. 500,– DM p.a. zusätzlich zur Eigenheim-zulage	Voraussetzungen: – Eigenheimzulage wird gewährt – Einbau erfolgt vor Bezug – Fertigstellung bis 31.12.1998 – Nur bei Neubau oder Erwerb

Strebenfachwerk

Strebenfachwerk
Um die Stabilität eines aus Pfosten bestehenden → Fachwerks zu verbessern, können Streben zur Versteifung gesetzt werden.

Streckmetall
Mit Schlitzen versehenes Stahlblech kann etwas in die Länge gezogen werden, so daß eine Art Netz entsteht. Dieses wird durch Verzinken oder Lackieren gegen Korrosion geschützt und dient dann zum Verputzen als Untergrund, der Sicherheit vor Rißbildung bietet. Streckmetall läßt sich gut biegen und erlaubt daher auch die Herstellung von runden, verputzten Flächen.

Stuck
Der besondere Vorteil des Stuckgipses ist die kurze Zeit, die er zum Abbinden benötigt. Am bekanntesten ist deshalb seine Verwendung als Werkstoff, der sich dazu eignet, dekorative Elemente zu fertigen. Stuck benützt man auch, um feinen → Mörtel oder → Putz, Wand- oder Deckenbauplatten (Akustikplatten) herzustellen.

Stützmauer
Mauerwerk, das zum Abböschen des Erdreichs an Hanglagen dient. Der geeignete Baustoff ist → Beton, dessen Stabilität, nötigenfalls unterstützt durch konstruktive Maßnahmen, dem Druck des Erdreichs am besten standhalten kann. Anhand dieser Belastung läßt sich von einem Statiker die nötige Mauerstärke berechnen.

Sturz
Alle Öffnungen und Durchbrüche in sowohl tragendem als auch nichttragendem Mauerwerk werden nach oben hin durch ein querliegendes Bauteil abgesichert. Der Sturz besteht in der Regel aus armiertem → Beton oder, bei großen Öffnungen, aus T- oder Doppel-T-Stahlträgern. Bei Fenstern erfüllt der Rolladenkasten die Funktion des Sturzes dann, wenn er ausreichend stabil konstruiert ist.

Subunternehmer
Als Subunternehmer bezeichnet man alle Auftragnehmer, die von einem → Generalunternehmer mit der Erledigung einzelner Aufgaben beim Errichten einer Immobilie betraut werden.

Grundausstattung und Zubehör sind systematisch aufeinander abgestimmt.   *ABIG*

Systemtechnik
ABIG bietet das komplette System von Heizungsanlagen an. Alle Komponenten sind fein aufeinander abgestimmt und für jeden Anwendungsfall geeignet. Nicht nur das umfangreiche Brauchwasser-Speicherprogramm von 150 l Tief- und Standspeicher bis hin zum 400 l Standspeicher und dem zahlreichen Zubehör oder dem umfassenden Heizungsregelungsprogramm mit analogen und digitalen Reglern, sondern auch die Kesselanbindungen und Verteiler werden professionell hergestellt und vertrieben.
→ ABIG

Tafelbauweise
Für die Erstellung von Gebäuden in Tafelbauweise verwendet man Bauelemente

Thermostat-Armaturen

(Fertigbauteile) großen Formats für Wand- und Deckenkonstruktionen.

Täfelbretter
In der Regel an den Längsseiten mit Nut bzw. Feder versehene Spanplattenbauteile. Sie sind häufig furniert, die Oberfläche ist fertig behandelt. Täfelbretter sind in allen erdenklichen Maßen und Gestaltungsvarianten erhältlich, wobei heute aus ökologischen Gründen auf Tropenholzfurnier verzichtet werden sollte. Die Anbringung geschieht mittels einer an Wand oder Decke befestigten Holzkonstruktion. Auf dieser können sowohl einheitliche als auch kontrastierende Bretter angebracht werden, wodurch auch eine bedarfsgerechte Raumwirkung erzielt werden kann.

Täfelung
Material in Plattenform zur Verkleidung von Decken und Wänden, wie z. B. Paneele, Akustikplatten u. ä. Sie sind eine Alternative zu → Anstrich oder → Tapete.

Tapeten
Tapeten als wesentliche Elemente der Wandgestaltung sind in allen erdenklichen Ausführungen erhältlich, wobei die Tapetenindustrie in zweijährigem Rhythmus neue Moden prägt. Mustertapeten unterscheiden sich nach der Gestaltung mit Streifenmustern, grafischen Elementen oder auch Blumenmotiven. Seidig glänzende Tapeten und vor allem Metalltapeten verstärken mögliche Unebenheiten und stellen deshalb hohe Ansprüche an die Vorbereitung des Untergrunds. Durch die Vielfalt der Muster und Designs ist aber in jedem Fall eine genaue Vermittlung zwischen Tapete und übriger Raumgestaltung möglich.
Den Bedingungen von Feuchträumen tragen z. B. spezielle Vinyltapeten Rechnung, die mit Hilfe einer wasserabweisenden Schicht versiegelt sind. Noch fester sind die Glasgewebetapeten, deren Verwendung aber nur an hochstrapazierten Flächen etwa in Treppenhäusern oder Geschäftsräumen geboten ist.
Am weitesten verbreitet sind Rauhfasertapeten. Für sie sind der individuellen Gestaltungsfreude keine Grenzen gesetzt. Je nach Art der Körnung bzw. Faserung vermitteln sie von dem tapezierten Raum einen unterschiedlichen Eindruck. Auch unter Umweltaspekten lohnt sich der Griff zur Rauhfasertapete, denn immer mehr Produkte werden aus Recyclingpapier hergestellt.

Tarif
Bei einem → Bausparvertrag sind im Tarif die Zinssätze für das Bauspardarlehen oder das Bausparguthaben festgehalten, ebenso der → Regelsparbeitrag und der → Tilgungsbeitrag. Zudem gibt der Tarif Auskunft über die Gebühren und die Voraussetzungen der → Zuteilung.

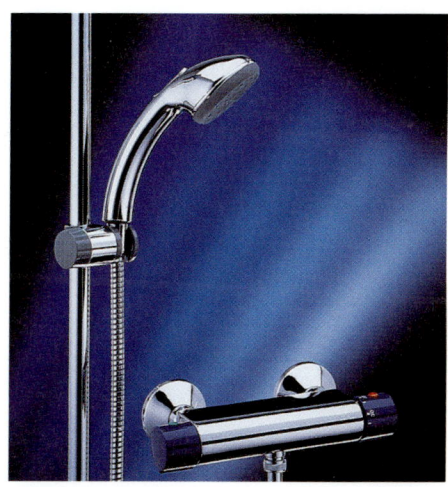

Exklusiver Duschkomfort dank hochmoderner Thermostattechnik. *Hansa AG*

Thermostat-Armaturen
Für ungetrübtes Dusch- und Badevergnügen sorgen Thermostate. Einmal eingestellt, halten sie die Wunschtemperatur konstant –

105

Thermostatventile

auch dann, wenn das Duschen zum Beispiel fürs Einseifen unterbrochen wird. Moderne Thermostate helfen aber auch beim Sparen: Sie reduzieren den Wasser- und Energieverbrauch um bis zu 40 %. Noch wirtschaftlicher ist der neue Aufputz-Thermostat Hansatempra. Der Installateur kann ihn so einstellen, daß sich das Mengenventil nur bis zur Hälfte öffnen läßt. Die reduzierte Durchflußmenge reicht immer noch bestens für ein angenehmes Duschbad aus. Wird aber als morgendlicher Muntermacher ein wirklich starker Strahl gewünscht, so genügt ein Druck auf die grüne Wasserspartaste am Mengenventil, und schon läßt es sich ganz bis zum Anschlag öffnen. Ein Plus für die Sicherheit ist die eingebaute Heißwassersperre bei 38 °C. Sie schützt vor allem die kleinen Duschfans vor schmerzhaften Verbrühungen. Den Hansatempra gibt es in insgesamt 28 Farben und Farbkombinationen, so daß er in jedem Badezimmer flotte Akzente setzen kann. Attraktiv ist jedoch nicht nur sein Äußeres, sondern auch sein hervorragendes Preis-Leistungs-Verhältnis. → Hansa

Thermostat-Regelungstechnik für komfortable Temperaturregelung. *Danfoss*

Thermostatventile

Zu den wichtigsten Komponenten einer Heizungsanlage gehören die einfach zu bedienenden Thermostatventile. Das Tolle bei diesen kleinen Energiesparern (bis zu 20 % sind ganz leicht drin) ist, daß sie ganz von alleine Fremdwärmequellen z. B. Personen im Raum oder wärmende Sonnenstrahlen berücksichtigen und automatisch die Zufuhr von teurem Heizwasser drosseln. Alle bisher in Deutschland installierten Danfoss Thermostatventile sparen so viel Heizenergie ein, daß man eine Großstadt wie zum Beispiel Mannheim bequem damit versorgen könnte. Eine Investition, die sich extrem schnell bezahlt macht.
→ Danfoss

Tieftemperatur-Heizkessel

Besonders sparsam und umweltschonend ist der Öl-/Gas-Tieftemperatur-Heizkessel Vitola-biferral durch gleitend abgesenkte Kesselwassertemperatur. Er schaltet ganz ab, wenn keine Wärme benötigt wird und erreicht einen Norm-Nutzungsgrad von 94 %. Die biferrale Verbundheizfläche aus

Öl-/Gas-Tieftemperatur-Heizkessel Vitola-biferral. *Viessmann*

Treppenkonstruktionen

Guß und Stahl bietet hohe Betriebssicherheit und lange Nutzungsdauer. Nenn-Wärmeleistung 15 bis 63 kW. → Viessmann

Tilgungsaussetzung
Wenn man die vereinbarten Belastungen der Tilgung eines Hypothekendarlehens für einen überschaubaren Zeitraum reduzieren will, kann man vereinbaren, die Tilgung während einer vereinbarten Frist einzustellen und nur die Zinsen zu zahlen. Nach dieser Zeit ist die Tilgung wieder regelmäßig, meist mit einem höheren Betrag zu leisten. Bei einem Bauspardarlehen gibt es diese Möglichkeit nicht.

Tilgungsbeginn
Mit der Auszahlung des → Darlehens setzt die Tilgung ein. Wird das Darlehen nur in Raten ausbezahlt, ist bereits mit der ersten Rate der erste → Tilgungsbeitrag fällig.

Tilgungsbeitrag
Der Tilgungsbeitrag ist die jeden Monat zu zahlende Summe für Tilgung und Zinsen eines → Bauspardarlehens.

Tilgungshypothek
Anders als bei der → Festhypothek muß bei der Tilgungshypothek jährlich eine festgesetzte Summe, errechnet aus Zinsbetrag und Tilgung, zurückbezahlt werden. Diese Jahresleistung ist bis zur gänzlichen Bezahlung der → Hypothek fällig.

Ton
Dieser natürliche Werkstoff findet im Bauwesen insbesondere bei der Herstellung von → Ziegel, Dachziegel, → Steingutfliesen, → Schamotte für Kamine und Schornsteine u. a. Verwendung. Er wird maschinell gepreßt, aber auch per Hand verarbeitet. Je nach Brenntemperatur zeigt Ton unterschiedliche Eigenschaften und ist für unterschiedliche Bereiche einsetzbar. Nur hochgebrannter Ton ist frostsicher.

TOX-Dübel-Werk
R. W. Heckhausen GmbH & Co. KG, Überlinger Straße 11, D-78351 Bodman-Ludwigshafen. Tel.: 0 77 73/8 09-0, Fax: 0 77 73/8 09-1 90. Angebote: → Allzweck-Dübel-Technik, → Anwendungsratgeber, → Knetdübel, → Nageldübel.

Tragfähigkeit
Bei einem Bauvorhaben muß die Tragfähigkeit des Baugrunds und der einzelnen Konstruktionsteile sichergestellt sein. Notwendige Maßnahmen sind die → Baugrunduntersuchung sowie die Berechnungen eines Statikers.

Tragwerk
Zum Tragwerk zählen beim Fachwerkbau die Streben, Stützen und Balken. Ein Flächentragwerk besteht aus plattenförmigen Bauteilen.

Traß
Dieser aus gemahlenem Tuff bestehende natürliche Stoff wird als → Bindemittel zusammen mit Kalk verwendet.

Traßkalk
Traßkalk eignet sich gut für → Mörtel zum Verputzen oder zum Verfugen von Verblendern aus Naturstein. Er wird aus → Traß und Kalk gemischt und kann sowohl unter Wasser als auch unter Luft abbinden.

Traßzement
Dieses Gemisch aus → Traß und Portlandzement sollte man dann verwenden, wenn der Zement besonders aggressiven Stoffen ausgesetzt ist oder immer mit Wasser in Berührung kommt.

Treppenkonstruktionen
Die am häufigsten vorzufindende Konstruktion besteht aus vorgefertigten Betonelementen, die nach den Maßen des → Architekten gegossen und eingesetzt werden.

Treppensteigung

Sie dienen als Unterbau, den man im Innenbereich mit Holz, Marmor, Teppichbelägen u. a. verkleiden kann. Für Außenanlagen verwendet man am besten rutschsicheres Material. Die Unterkonstruktion kann aber auch aus → Stahl bestehen. Meist ist dann die Möglichkeit gegeben, die vorgefertigten Stahlträger an die Etagenhöhe anzupassen.

Treppensteigung
Die Steigung einer Treppe ergibt sich daraus, wie hoch und wie tief die einzelne Stufe ist. Als günstigste Werte wurde die Höhe von 17 cm und die Tiefe von 29 cm ermittelt. Die Treppensteigung sollte immer so bemessen sein, daß die Treppe bequem und ohne besondere Kraftanstrengung zu überwinden ist. Zu beachten ist bei der Hausplanung auch, ob ältere Menschen auf die Treppen angewiesen sein werden.

Treppenwange
Das der Treppenhauswand gegenüberliegende tragende Teil einer Treppenkonstruktion. Sie wird bei Treppen mit nicht verbundenen Stufen, zum Beispiel Holztreppen, benötigt. An der Treppenwange ist auch das Treppengeländer angebracht.

Trittschall
Dieser Körperschall entsteht durch Stöße gegen die Fußbodenkonstruktion. Ohne vorbeugende Maßnahmen würde er ungehindert in die angrenzenden Räume derselben und der darunterliegenden Etage übertragen. Die nötige Dämmung des Schalls wird durch einen schwimmenden Estrich erzielt. Man kann selbst kontrollieren, daß von diesem Estrich keine Verbindung (Schallbrücke) zur Wandkonstruktion besteht.

Trockenausbau
Die Vorteile des trockenen Ausbaus liegen in der rationellen Verarbeitung der Bauelemente: Der Ausbau kann zu jeder Zeit, ohne viel Schmutz, schnell und ohne Austrocknungszeit erfolgen. Gebräuchliche und geeignete Elemente für den Trockenausbau sind → Gipskartonplatten, → Gipskarton-Verbundplatten, → Trockenunterböden u. a.

Trockenunterboden
Für den Trockenausbau geeignete Bauelemente gibt es auch für die Fußbodenkonstruktion. → Spanplatten oder → Gipskartonplatten werden am günstigsten auf einer Trockenschüttung verlegt, so daß diese eine gute Wärme- und Trittschalldämmung sowie Schutz gegen Feuchtigkeit erzielen. Nach dem Verlegen sind Trockenböden sofort begehbar. Dies ist ein enormer Vorteil im Vergleich zu diversen in Naßbauweise erstellten Unterböden, die oft über lange Zeit abtrocknen müssen.

Türabdichter
a) Die → Regenschutzschiene verhindert bei Balkon- und Terrassentüren das Eindringen von Feuchtigkeit.
b) Die Übertragung von Schall (→ Schallschutz) und Auskühlung der Räume durch Zugluft wird am wirksamsten durch mehrfachen Falz im Türrahmen und durch zusätzliche elastische Dichtungen (→ Falzdichtungen) verhindert.
c) Hebetüren, die zum Balkon oder zur Terrasse führen, verbessern durch den besonderen Anschlag die Dichtigkeit.
d) Mit Dichtungsleisten kann man Zugluft abhalten, die früher durch Türschwellen verhindert wurde. Diese Leisten sind übrigens nachträglich leicht am Türblatt anzubringen.

Türanschlag
Im Gegensatz zum einfachen Falz ermöglicht der mehrfache im Rahmen, daß die Tür aufgrund des verbesserten Anschlags dichter schließt. → Falzdichtungen unterstützen das und verhindern zudem Körperschall durch Schlagen der Tür. Bei der

Umbauter Raum

Erstellung der Pläne durch den Architekten muß man darauf achten, daß der Anschlag der Zimmertüren geschickt gewählt wird, um die Stellmöglichkeiten von Möbeln nicht zu sehr zu beeinträchtigen, was gerade bei kleinen Zimmern wichtig ist.

Türflügel
Der Türflügel (Türblatt) ist auf den Türbändern drehbar gelagert. Schwingtüren mit einer im Türband eingebauten Feder schließen selbständig. Am häufigsten bestehen Türflügel von Zimmertüren aus einer leichten Rahmenkonstruktion (Türfries) mit einer Füllung. Sie sind mit Furnieren der unterschiedlichsten Hölzer belegt. Damit Licht in anschließende Räume gelangen kann (Flur), kann in den Türflügel ein Glaseinsatz eingebaut sein. Der Türflügel der Haustür ist massiv, Glaseinsätze bestehen aus Sicherheitsgründen oft aus Drahtglas. Die Flügel von Feuerschutztüren werden aus feuerbeständigem Glas, meist aber aus Metall gefertigt.

Türschließer
Um Zugluft, Schmutz und Lärm so wenig wie möglich ins Haus eindringen zu lassen, kann das Türblatt der Haustür mittels Federn im Türband oder eines Öldruckelements selbsttätig geschlossen werden.

Türzarge
Die Türzarge verdeckt die Leibung. Bei Holztüren besteht die Zarge aus einem Rahmen (Türfutter), in den der Falz eingearbeitet ist. Für Türen aus → Stahl gibt es die Leibung umfassende Elemente bzw. geeignete Eckprofile. An der Türzarge sind auf der einen Seite das Türband, auf der anderen das Schließblech angebracht.

Überbaubarkeit
Im → Bebauungsplan ist die Überbaubarkeit festgehalten, das heißt, wie ein Grundstück bebaut werden darf. Einschränkungen ergeben sich durch den → Flächennutzungsplan, die → Grundflächenzahl, die → Geschoßflächenzahl und die → Baulinien. Eine vorteilhafte Überbaubarkeit ist bei einem kleinen Grundstück mit großer Grundflächenzahl gegeben.

Überlauf
a) Der obere Rand bei einem Schwimmbecken, von dem überlaufendes Wasser durch einen → Skimmer abgesaugt und zum Schwimmbadfilter geleitet wird.
b) Eine Öffnung in Waschbecken oder → Badewanne, durch die zu hoch steigendes Wasser abfließen kann.
c) Bei Geräten zur zentralen Warmwasserbereitung muß Heizwasser über einen Überlauf abgeleitet werden, wenn im → Ausdehnungsgefäß Überdruck entsteht.

Umbauter Raum
Die korrekte Bezeichnung für den umbauten Raum heißt heute »Bruttorauminhalt«. Mit Hilfe der Kubikmeterzahl des umbauten Raums (Keller, Fundament, Decken- und

Der Stahlheizkessel UNIT NU-1B mit weiterentwickeltem Blaubrenner. *Wolf*

109

Umlegung

Wandkonstruktionen) können die reinen Baukosten weitgehend zuverlässig geschätzt werden.

Umlegung
Um Grundstücke besser nutzen oder um öffentliche Anlagen wie Straßen und Wege sinnvoll bauen zu können, werden die Grenzen von Grundstücken neu bestimmt. Dies geschieht im Enteignungsverfahren mit Ersatzleistungen durch die öffentliche Hand oder aber im gegenseitigen Einvernehmen zwischen Nachbarn.

Umstellbrand
Bei modernen → Heizkesseln ist es möglich, mehrere Energieformen zu verwenden. Der Umstellbrandkessel besitzt zwei Feuerungskammern unterschiedlicher Konstruktion (Wechselbrand), die je nach Bedarf für festen oder flüssigen Brennstoff genützt werden können.

Umweltschutz
Der »weiße« Wandbaustoff Kalksandstein wird ausschließlich aus den natürlichen Rohstoffen Kalk, Sand und Wasser hergestellt. Die Sandabbaustätten werden in Etappen so umweltschonend wie möglich genutzt und später rekultiviert und renaturiert. Umweltschonend ist auch die Herstellung von KS. In hydraulischen Pressen geformt entsteht ein Steinrohling, der unter Wasserdampf bei nur 180° gehärtet wird. Nach dem Abkühlen ist der Kalksandstein fertig. Niedrige Temperaturen und kurze Härtezeit bei der Produktion halten den Energieaufwand gering. Ein weiteres Plus für die Umwelt ist die Recyclingfähigkeit von Kalksandstein. Deponien werden entlastet und wertvolle, natürliche Rohstoffressourcen geschont. → Kalksandstein-Information

unipor
unipor-Ziegel Marketing GmbH, Aidenbachstraße 234, D-81479 München, Tel.: 0 89/74 98 67-0, Fax: 0 89/74 98 67-11. Angebote: → Baustoffwahl, → Wohnqualität, → Ziegelsystem.

Unterboden
Der Unterboden bildet den Aufbau auf der Deckenkonstruktion, auf der der → Bodenbelag verlegt wird. Häufig wird ein schwimmender Estrich oder eine Trockenschüttung aufgebracht. Der Vorteil liegt in der guten Dämmung gegen Wärmeverluste und → Trittschall, wenn keine Verbindung zu den umliegenden Wänden besteht.

Unterdecken
Abgehängte Deckenkonstruktionen dienen als Deckenverkleidung und erlauben die nicht sichtbare Montage von Dämmstoffen, Installationsleitungen und integrierten Lampen. Wichtigste Vorteile: Die Dämmung von Luftschall und die Verbesserung der → Akustik durch Akustikplatten.

Unterspannbahnen
Im ausgebauten Dach schützen Unterspannbahnen wie Delta-Fol SPF den

Verantwortlicher Umgang mit den Ressourcen durch Kalksandstein. *Kalksandstein-Information*

Verblendmauerwerk

Diffusionsoffene Unterspannbahnen ermöglichen optimalen Wohnkomfort bis unters Dach. *Dörken*

Dachraum vor Staub, Regen, Flugschnee und Feuchtigkeit. Sie werden aus Kunststoffen wie PU, PVC oder dem ökologisch unbedenklichen Polyethylen gefertigt. Wird der gesamte Sparrenraum für die Wärmedämmung genutzt, kommen sogenannte diffusionsoffene Unterspannbahnen wie Delta-Purafol und Delta-MAXX M zum Einsatz. Sie sind hochdampfdurchlässig und können deshalb direkt auf der Wärmedämmung verlegt werden. → Dörken

Varioschleifer

Den neuen Varioschleifer PSV 300 AE können Sie drehen und wenden, wie Sie wollen. Zwei Schleifseiten ermöglichen flexibles Arbeiten im Randbereich, besonders an Ecken, Kanten und auf kleinen Flächen. 300 Watt sorgen für einen kraftvollen Schliff an unterschiedlichen Materialien. Der Schleifbandwechsel läßt sich schnell, einfach und ohne Werkzeug erledigen. Ist eine Seite abgenutzt, kann das Schleifband problemlos umgedreht und sofort weitergearbeitet werden. Mit einem Anschluß für Fremdabsaugung oder dem Bosch Allzwecksauger bleibt der Arbeitsplatz immer sauber. → Bosch

VEINAL®
Schuster Gmbh VEINAL®-Bauchemie, Industriegebiet Haldenloh C12-14, D-85465 Welden bei Augsburg, Tel. 0 82 93/70 36-70 37, Fax 0 82 93/76 97. Angebote: → Bohrlochinjektage, → Mauertrockenlegung, → Schimmel/Schimmelpilz.

Verblendmauerwerk
Rohes, unbehandeltes Mauerwerk kann zum Beispiel mit natürlichem Stein, Riemchen oder Kalksandstein verkleidet werden. Der Vorteil des zweischaligen Aufbaus ist die Möglichkeit, zwischen dem Grundmauerwerk und dem Verblendmauerwerk Dämmstoffe zu verarbeiten. Es ist dabei wichtig, daß unten und oben in Verblendmauerwerk ausreichend Schlitze eingearbeitet werden, die eine gute Hinterlüftung erlauben. Nur so kann die Wirksamkeit der Dämmung auf Dauer erhalten bleiben.

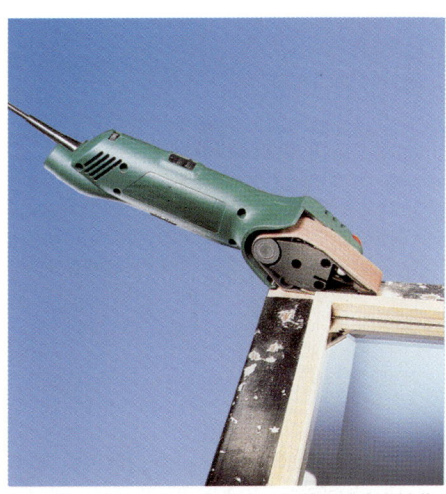

Beim Abschleifen eines Rahmens haben Varioschleifer dank ihrer Handlichkeit und ihres hohen Abtrags freie Bahn an Ecken, Kanten und auf kleinen Flächen. *Bosch*

verdichten

verdichten
a) Durch Druck auf das Erdreich durch die Bebauung kommt es zur → Setzung. Erfolgt diese ungleichmäßig und unkontrolliert, kommt es zu Rissen in der Bausubstanz. Vor Baubeginn ist also eine gründliche → Baugrunduntersuchung und Vorbereitung unerläßlich.
b) Mit Hilfe von → Vibratoren wird der in die → Schalung gegossene, noch flüssige → Beton verdichtet, um die Stabilität des Bauteils zu erhöhen.

Verdingungsordnung für Bauleistungen
In der Verdingungsordnung für Bauleistungen (VOB) sind die Bestimmungen zur Auftragserteilung aufgrund der → Ausschreibung und zur Erfüllung der Aufträge verbindlich festgehalten. Außerdem enthält die VOB alle Vorschriften nach DIN, die die Bautechnik betreffen.

Vergabe
Nach der → Ausschreibung erfolgt die Vergabe der Aufträge an die Bau- oder Handwerksfirmen, die das terminlich, fachlich und preislich günstigste Angebot unterbreiten konnten. Bei der Vergabe muß unbedingt auf die Gültigkeit der Bestimmungen der → VOB hingewiesen werden. Zudem gelten alle im Leistungsverzeichnis festgehaltenen Abmachungen. → Gleitklauseln sind kritisch zu überprüfen, und dem Auftragnehmer wird untersagt, Forderungen an andere abzutreten. Gewährleistungsansprüche könnten dann nicht mehr gesichert sein.

Vergütung
Durch Verwendung von Zuschlagstoffen oder durch besondere Oberflächenbehandlung kann die Qualität von Baumaterial erheblich verbessert werden. So läßt sich zum Beispiel die Witterungsbeständigkeit, Festigkeit, Dichtigkeit u. a. von Baumaterialien erhöhen.

Vergußmassen
Um → Arbeits- und Dehnfugen dauerhaft und elastisch zu schließen, vergießt man Massen auf Bitumenbasis. Vergußmassen müssen gut haften und dürfen nicht spröde werden. Nur so ist ein dauerhafter Schutz gegen in die Bausubstanz eindringende Feuchtigkeit gewährleistet. Zu den Vergußmassen zählen auch Muffenkitte, mit denen Rohre aus → Beton oder ähnlichem Material wasserundurchlässig zusammengefügt werden.

Verjährung
Wird der Anspruch auf → Gewährleistung nicht innerhalb einer vereinbarten Frist erhoben, so verfällt er. Die Verjährungsfrist bei Handwerker- und Architektenleistungen sollte man statt nach der → VOB nach dem BGB regeln, da nach diesen Vorschriften fünf Jahre lang die Gewährleistung garantiert wird (2 Jahre nach VOB). Die Frist beginnt mit dem Tag der Abnahme des fertiggestellten Gebäudes.

Verkehrslasten
Die Gesamtheit des Gewichts von allen Bauteilen eines Gebäudes (einschließlich → Putzen, Fassaden und Belägen) darf nach DIN 1055 einen von der → Tragfähigkeit des Erdreichs abhängigen Wert nicht überschreiten. Zudem regelt die DIN 1055, wie tragfähig Treppen-, Decken- und Dachkonstruktionen (Verkehrsflächen) sein müssen. Auftretende Belastungen durch Wind und Schnee (Windlast, → Schneelast) sind ebenfalls berücksichtigt. Über die Tragfähigkeit des Baugrunds muß man sich dann gezielt beim → Architekten informieren.

Versatz
Die Verbindung von Streben und Balken nach Zimmermannsart. Ein Bauteil wird so in ein anderes eingestemmt, daß schiebende Kräfte einfach abgeleitet werden können.

Vollgeschoß

Versicherung
a) Mit einer Lebensversicherung kann man → Hypotheken tilgen: Man schließt eine Lebensversicherung in Höhe der Hypothek ab und überträgt die Rechte an die Bank. Während der Laufzeit bezahlt man an die Versicherungsgesellschaft die Prämien, an die Bank die fälligen Zinsen. Nach Ablauf der Lebensversicherung wird mit der Versicherungssumme die Hypothek getilgt. Der Vorteil dieser Finanzierung liegt darin, daß im Todesfall des Kreditnehmers die Immobilie in den Besitz der Rechtsnachfolger, meist der Familie übergeht. Die LV-Hypothek ist besonders für Vermieter geeignet, da sie die Schuldzinsen als Werbungskosten geltend machen können.
b) → Bauherrenhaftpflichtversicherung
c) Die Haus- und Grundstückhaftpflichtversicherung muß der Vermieter nach Beendigung des Bauvorhabens abschließen. Sie reguliert Personen- und Sachschäden, die durch sein Eigentum ausgelöst werden. Für Eigentümer, die ihre Immobilie selbst nutzen, reicht die Privathaftpflichtversicherung aus.
d) Die Gewässerschadenhaftpflichtversicherung ist dann unerläßlich, wenn von einem Grundstück die Gefahr des Gewässerschadens, beispielsweise durch einen auslaufenden Heizöltank, ausgeht. Diese Schäden sind nicht durch die Haus- und Grundstückhaftpflichtversicherung abgedeckt.
e) → Bauwesenversicherung
f) Die Wohngebäudeversicherung bietet Schutz bei Feuer-, Wasser- und Sturmschäden an der Immobilie. Sie kann je nach Standort des Gebäudes sinnvollerweise in Einzelverträge aufgesplittet oder als Gesamtpaket vereinbart werden.

Versiegelung
a) Die Behandlung von Oberflächen von → Beton oder Parkett, um sie vor zu starkem Abrieb oder gegen eindringende Feuchtigkeit und Verwitterung zu schützen.
b) Abdichtung von Fugen mittels dauerelastischer → Vergußmassen.

Vertragsänderung
In der Regel kann man mit dem Einverständnis der → Bausparkasse zur Vertragsänderung rechnen, wenn man zum Beispiel bei verändertem Sparziel einen → Bausparvertrag erhöhen oder teilen, mehrere Bausparverträge zusammenlegen oder die → Bausparsumme verringern will.

verwinden
Unter Einfluß von großer Hitze (Metalle), Trockenheit oder Nässe (Holz) können Bauteile ihre ursprüngliche Form verlieren und sich verwinden. Die Stabilität einer Konstruktion ist dann unter Umständen nicht mehr gewährleistet.

Vibratoren
a) In die → Schalung eingebrachter → Beton muß gleichmäßig verteilt und verdichtet werden.
b) Rüttelplatten werden eingesetzt, um Erdreich oder das Sand- bzw. Kiesbett unter gepflasterten Flächen zu verdichten. Nachträgliche, unkontrollierte Senkungen können dadurch verhindert werden.

Viessmann
Viessmann Werke GmbH & Co., D-35107 Allendorf, Tel.: 06452/70-0, Fax: 06452/70-2700. Angebote: → Gasheizkessel, → Heiztechnik, → Tieftemperatur-Heizkessel.

VOB
→ Verdingungsordnung für Bauleistungen

Vollgeschoß
Als Vollgeschoß bezeichnet man die gesamte Höhe eines Stockwerks, die sich aus der Höhe des Aufbaus des Fußbodens, der lichten Raumhöhe und der Stärke der Decke ergibt.

Vollwärmeschutz

Vollwärmeschutz
Idealziel bei Wärmedämmaßnahmen, das selbst in günstigsten Fällen nur annähernd erreicht werden kann. Man sollte sich bewußt sein, daß ein Haus Wärme nach außen abstrahlt und dabei alle Glasfronten am stärksten zum Energieverlust beitragen. Ratsam ist, sich über Isolierglas beim Fachhandel beraten zu lassen. Die wirkungsvollste Dämmung des Mauerwerks ist immer an den Außenmauern angebracht und besteht im günstigsten Fall aus einem zweischaligen Aufbau der Fassade (Vorgehängte Fassade).

Vorkaufsrecht
Im → BBauG ist festgelegt, daß die Gemeinde vor allen anderen Interessenten das Recht hat, Baugrund zu erwerben, um es dem → Bebauungsplan entsprechend zu nutzen. Eine entsprechende Vereinbarung kann auch zwischen privaten Verhandlungspartnern getroffen werden. In aller Regel muß sich der Kaufinteressent innerhalb eines bestimmten Zeitraums für ein Objekt entscheiden.

Vormerkung
→ Auflassungsvormerkung

Wärmeabstrahlung
Baustoffe geben aufgenommene Wärme als langwellige Strahlung wieder an die Umgebung ab. Man nutzt diese Energie zum Beispiel bei Terrassen, Balkonen und Wintergärten, wenn dunkle → Bodenbeläge die tagsüber aufgenommene Energie (Wärmeabsorption) am Abend wieder abstrahlen und den Aufenthalt im Freien angenehm machen.

Wärmebedarfsausweis
Nach § 12 der aktuellen → Wärmeschutzverordnung muß jedes Gebäude einen »Wärmepaß« bekommen. Es handelt sich hierbei um die Dokumentation des Wärmeschutzes eines Gebäudes. Die Richtlinien definiert die Wärmeschutzverordnung. Der Ausweis dient der Überwachung der geltenden Verordnung und ist auf Verlangen den Behörden vorzulegen und auch Mietern, Käufern und sonstigen Nutzungsberechtigten zugänglich zu machen. Diese objektive Information über den Energiehaushalt eines Gebäudes soll der Transparenz auf dem Immobilienmarkt dienen und zugleich Investitionen in bessere Energiesparmaßnahmen anregen.

WärmeGewinnTechnik
Fa. Schwörer begann schon 1980 mit der Entwicklung einer eigenen energiesparenden Lüftungstechnik. Schwörer WärmeGewinnHäuser bieten Atemluft mit einem sehr hohen Sauerstoffanteil, da die Raumluft pro Stunde 1,5mal komplett ausgetauscht wird. Die Luft ist gesund durch weniger Staub, Schadstoffe und Allergene. Außerdem ist sie frei von lästigen Gerüchen.
Im wesentlichen besteht das Zentralgerät der WärmeGewinnTechnik aus einem Wärmetauscher und einer Kleinwärmepumpe.

Die WärmeGewinnTechnik garantiert Atemluft mit einem sehr hohen Sauerstoffanteil. *Schwörer*

Wandbaustoff Kalksandstein

Dort wird der Abluft die Wärme entzogen und die Frischluft ohne Vermischung der Luftströme erwärmt. Die verbrauchte Luft wird nach draußen abgeführt, die erwärmte frische Luft über Ventile den Wohn- und Schlafbereichen zugeführt.→ SchwörerHaus

Wärmeschutzverordnung (WSV)

Die seit dem 1.1.1995 geltende aktuelle Wärmeschutzverordnung sieht bei der Ermittlung des Jahresheizwärmebedarfs (Q_h) in Neubauten ein Energiebilanzverfahren vor. Dabei werden die Wärmeverluste (Wände, Fenster, Dächer und Lüftungswärmeverluste) den Wärmegewinnen (Solarenergie, Wärmegewinne durch Fenster, Wärmerückgewinnung) gegenübergestellt. Ein modifiziertes Bauteilverfahren gilt für kleine Gebäude mit bis zu zwei Vollgeschossen und nicht mehr als drei Wohnungen. Für die einzelnen Bauteile gelten folgende → k-Werte:
Außenwände: 0,5 W/(m²K)
Fenster: 0,7 W/(m²K)
Decken: 0,22 W/(m²K)
Wände/Decken gegen unbeheizte Räume/Erdreich: 0,35 W/(m²K)
Die Verordnung geht davon aus, daß bei Einhaltung aller Wärmedurchgangskoeffizienten die Gebäude den Anforderungen des Energiebilanzverfahrens genügen. Die 2. Stufe einer Verschärfung der Wärmeschutzverordnung, die eine weitere Herabsetzung der Werte um 25-30 % vorsieht, ist für das Jahr 1999 geplant. → Niedrigenergiehäuser von verschiedenen Herstellern erfüllen bereits heute die neuen Grenzwerte.

Wärmespeicherung

Die Fähigkeit eines Stoffes, Wärme zu speichern, ist abhängig von seinem Stoffgewicht und dem Maß des Lufteinschlusses. Sehr günstige Speicherwerte erreicht zum Beispiel der → Porenziegel, bei dem sich das Verhältnis von hohem spezifischem Gewicht und Luftgehalt optimal gestaltet.

Wärmezentrale

Zum Wärmekomfort eines Hauses gehören Heizwärme und Warmwasser. Aufgrund des immer geringeren Heizbedarfs neuer, gut gedämmter Gebäude nimmt der prozentuale (nicht absolute) Energieanteil für die Warmwasserbereitung zu. In der Vergangenheit betrug er 8 % bis 10 %, heute bis zu 20 % oder auch mehr. Das zeigt, wie wichtig es ist, Warmwasser unter den gleichen Anforderungen zu erwärmen, wie man sie an die Heizwärmeproduktion stellt, z. B. Wirtschaftlichkeit und Schadstoffarmut. Moderne Wärmezentralen sind eine Systemeinheit aus Niedertemperatur- oder Brennwertkessel, Speicher und dem übergeordneten Regelsystem. Sie sind in der Lage, durch entsprechende Wahl der Komponenten jeden individuellen Anspruch zu erfüllen. → Buderus

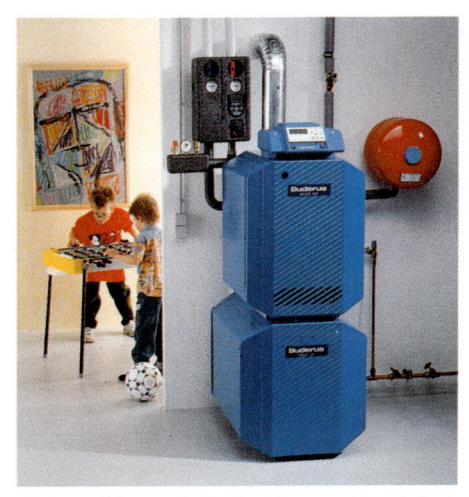

Moderne Wärmezentralen bestehen aus Kessel, Speicher und Regelsystem. *Buderus*

Wandbaustoff Kalksandstein

Kalksandsteine werden für tragendes und nichttragendes Außen-, Innen- und Sichtmauerwerk vom Keller bis zum Dach verwendet, für Neubauten sowie Sanierung

Wannen

von Altbauten und auch im Innenausbau. Zahlreiche Stein- und Sonderformate in verschiedenen Rohdichten und Druckfestigkeitsklassen für alle Anwendungsgebiete im Hausbau ermöglichen dem Bauherrn eine individuelle Gestaltung und Ausführung der eigenen vier Wände. Zum Beispiel mit KS-Sicht- und Verblendmauerwerk in den Oberflächenstrukturen glatt, bruchrauh und bossiert. Der Bauherr kann wählen, ob er seinem Haus eine elegante oder rustikale Note geben möchte.

Oder die besonders für den Ausbau im Innenbereich geeigneten massiven KS-Bauplatten KS-P5 und KS-P7. Sie sind 5 und 7 cm stark und 24,9 cm hoch, mit ihnen werden nichttragende, leichte Trennwände in Alt- und Neubauten arbeits- und platzsparend erstellt. Der Bauherr kann Kosten sparen, wenn er die Bauplatten selbst verlegt. Dabei braucht er keine speziellen Kenntnisse.

Energieeinsparung nimmt beim Bauen für die Zukunft eine Spitzenposition ein. Solararchitektur hat hier Vorbildfunktion. Eine zukunftsweisende Neuentwicklung im Bereich Wärmedämmung und Nutzung passiver Solarenergie ist die transparente Wärmedämmung (TWD) mit KS-Mauerwerk in der Hintermauerung. Bis zu 90 % des Heizenergiebedarfs können über Kalksandstein-Außenwandkonstruktionen mit transparenter Wärmedämmung eingespart werden. Am 01.01.1995 trat zum Schutz unserer Umwelt die neue Wärmeschutzverordnung in Kraft. Von diesem Datum an dürfen in Deutschland nur noch »Niedrigenergiehäuser« gebaut werden. Die Kalksandsteinindustrie empfiehlt lärmdämmende und wärmespeichernde KS-Außenwandkonstruktionen. Sie haben sich seit über zwanzig Jahren bewährt. Je nach Dicke der Wärmedämmschicht wird damit der Bau von Niedrig-, Passiv- und Nullheizenergiehäusern ermöglicht. k-Werte in der Außenwand von 0,30,4 W/(m^{2}K) werden leicht erreicht –

Individuell und ökologisch bauen gelingt mühelos mit Kalksandstein. *Kalksandstein-Information*

zeitgemäße Architektur inklusive. Zum Beispiel gestatten einschalige KS-Wände mit einem außenseitigen Wärmedämmverbundsystem neben hoher Heizenergieeinsparung eine individuelle Farbgestaltung der Putzfassade. Schlanke, zweischalige KS-Außenwandkonstruktionen verdeutlichen mit hellem, freundlichem KS-Sichtmauerwerk Eleganz und Stil des Hauses.

Wände aus Kalksandstein erfüllen aufgrund der hohen Rohdichte problemlos die erhöhten Empfehlungen der Schallschutznorm 4109. Sei es Schutz vor Außenlärm, Geräusche im Haus, Schallübertragung von Wänden und Decken. Ungestörtes Wohnen, Ruhe und Erholung, Abschalten und Durchatmen ist in einem Haus mit Wänden aus Kalksandstein gesichert. Ohne Mehrkosten.
→ Kalksandstein-Information

Wannen

Bade- und Duschwannen haben sich zu modernen Sanitärelementen mit einer Vielzahl von Formen und Anwendungsmöglichkeiten entwickelt. Modelle aus Stahlemaille werden ebenso angeboten wie Wannen aus

Wassersparen

Sanitäracryl, welche sich durch eine breite Design-Vielfalt, hohe Schall- und Wärmedämmung sowie eine besonders angenehme, porenfreie Oberfläche auszeichnen. Insbesondere Acrylwannen aus BELAtec sind durch ihren innovativen Materialaufbau und ein neuartiges Trennverfahren 100 % recyclebar und bestechen durch höchste Stabilität und Belastbarkeit. Badewannen können durch ihre Formgebung bis zu 50 % der herkömmlichen Wassermengen einsparen, ohne den Platz- und Liegekomfort zu beeinträchtigen. Die Alternative des Duschens (→ Duschwand) empfiehlt sich gerade für Benutzer, die eine rasche Körperpflege bevorzugen. Da beim Duschen bis zu $\frac{2}{3}$ der Wassermenge im Vergleich zum Baden gespart werden können, ist dies zugleich auch äußerst ökonomisch. → Duscholux

Diese mobile Faltwand (Sprint®) können Sie vor der Badewanne verspannen, sie ist jeder Raumhöhe angleichbar und bietet ein absolut sicheres Duschvergnügen. *Duscholux*

Warmglas
Warmglas besteht aus zwei oder mehreren Glasscheiben, die an den Rändern luft- und feuchtigkeitsdicht verbunden sind. Maßgeblich für den Wärmeschutz der Verglasung ist der sogenannte → k-Wert – je niedriger er ist, um so besser ist die Wärmedämmung der Scheibe. Modernes Zweischeiben-Warmglas erreicht einen k-Wert von 1,1 W/(m²K) und reduziert den Wärmeverlust über die Verglasung im Vergleich zu »normalem Isolierglas« – k = 3,0 W/(m²K) – um mehr als 60 %.

Wartezeit
Die Wartezeit bezeichnet die Zeitspanne zwischen Abschluß und Zuteilung eines Bausparvertrags. Einer Bausparkasse ist es laut Bausparkassengesetz verboten, verbindliche Zusagen für den Zeitpunkt der → Zuteilung eines Bausparvertrags zu machen.

Waschtisch
Der Waschtisch hat sich im Lauf der letzten Jahre ins Gesamtkonzept Bad integriert, wobei innovative Hersteller wie z. B. DUSCHOLUX mit ihren Waschtischprogrammen diesem Trend Rechnung tragen. Systematische Anpaßung der Maße von Dusch- und Badewannen an spezielle Waschtischserien schaffen Platz und verwöhnen das Auge mit einer schönen ästhetischen Konstanz. Die Kombination von Stauraum, Waschbecken, → Spiegelschrank oder Lichtspiegel mit den anderen Badkomponenten macht die Körperpflege komfortabel. Um möglichst lange ein attraktives Aussehen zu bewahren, werden haltbare Materialien wie z. B. Mineralguß (DURATON®), welches schlagfest, leicht reparabel und aufpolierbar ist, verwendet. Auch Edelstahl, Granit, Porzellan, Stahlemaille und Sicherheitsglas sind für das Becken geeignet. → Duscholux

Wassersparen
Ein beträchtliches Potential beim Wassersparen bieten Einhandmischer an Waschtisch oder Dusche. Grund genug für einen sparsamen Umgang mit dem kostbaren

Whirlpool

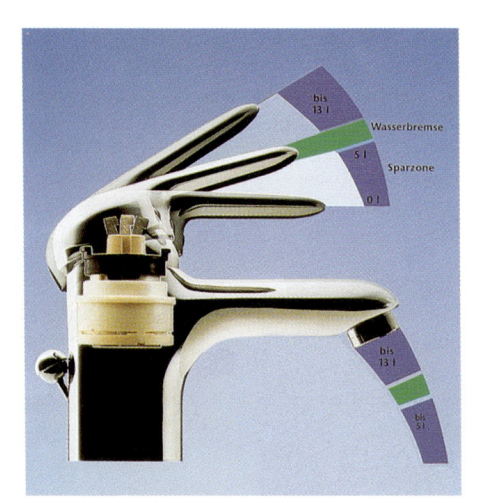

Einhandmischer helfen Wasser zu sparen.   Hansa AG

Naß sind steigende Preise für Frisch- und Abwasser ebenso wie erhöhte Energiekosten zur Warmwasserbereitung. Denn die Menge macht's. So sprudeln durch eine normale Handbrause im Schnitt bis zu 20 Liter Wasser pro Minute. Wer täglich fünf Minuten duscht, verbraucht allein dafür im Monat ca. 3.000 Liter Warmwasser. Die Macht der Gewohnheit läßt das Wasser auch beim Einseifen laufen. Und selbst beim bloßen Händewaschen am Waschtisch fließt meist viel zu viel den Abfluß hinunter. Oft ist es pure Gedankenlosigkeit, wenn die Armatur dabei sogar bis zum Anschlag geöffnet wird.

Wie sich Verbraucherverhalten und Wassersparen in Einklang bringen lassen, demonstriert Hansa mit der neuen Einheitssteuerpatrone Hansaeco. Mit ihr kann man Wasser sparen, ohne daran denken zu müssen. Der Clou: Wird der Hebel des Einhandmischers mit normaler Kraft nach oben bewegt, so begrenzt eine 'Wasserbremse' den Durchfluß bei maximal fünf Litern pro Minute. Erst wenn dieser leichte Widerstand am Hebel überwunden wird, fließt mehr Wasser - und das serienmäßig. Denn diese Einheitssteuerpatrone wird heute in jeden Einhandmischer von Hansa eingebaut. Auch wer eine ältere Armatur des Herstellers besitzt, braucht auf moderne Technik nicht zu verzichten: Die neue Hansaeco kann gegen jede ältere Einheitssteuerpatrone von Hansa ausgetauscht werden. → Hansa

Whirlpool

Ein von Streß, körperlicher Anstrengung und negativen Umwelteinflüßen strapazierter Körper bekommt durch ein Whirlbad einen entspannenden Ausgleich.

Massagedüsen mit Wasser- oder Luftstrom bzw. einer Kombination der beiden sind flach in den Wannenkörper eingelassen, welcher vorzugsweise aus Acryl gefertigt ist, um eine optimale Schall- und Wärmeisolation zu gewährleisten. Ein Gebläse saugt Raumluft an, erwärmt diese und leitet sie durch Ringdüsen in die Wanne. Durch die Kombination mit der Wasserpumpe kann dem Wasserstrahl Luft beigemischt werden. Ein übersichtliches Display steuert die Düsen, die stufenlos regulierbar, flach

Wer eine körperliche Phase der Entspannung als Ausgleich für den hektischen Alltag sucht, wird sich für einen Whirlpool entscheiden (Massilia 320 D.3).
   Duscholux

Ziegelsystem

und zahlreich sein sollten. Hiermit kann, wenn vorhanden, noch ein Unterwasserscheinwerfer bedient werden. Mit dem neuen Farblichtwechsler von Duscholux kann die hydrotherapeutische Wirkung der Whirlanlage unterstützt werden, indem ein stimmungsvolles Ambiente erzeugt wird. Ein stets hygienischer Betrieb wird durch die eingebaute Desinfektionsanlage gewährleistet, welche vollautomatisch das Restwasser aus allen wasserführenden Teilen entleert und von Kalk- und Seifenresten befreit, außerdem werden mögliche Bakterienherde vernichtet. → Duscholux

Der homogene unipor-Rohbau vom Keller bis zum Dach beeinflußt die angenehme Wohnqualität entscheidend.

unipor

Wohnqualität

Durch das in jedem Ziegel-»Scherben« vorhandene, materialbedingte Kapillarsystem wird von Anfang an für Wohlbefinden gesorgt. Denn das gesunde Raumklima in geschlossenen und beheizten Räumen bestimmt wesentlich das ausgeglichene Verhältnis zwischen Raumtemperatur und Luftfeuchtigkeit. Die ausgezeichneten Wärmedämm- und Wärmespeicher-Eigenschaften des Ziegels gewährleisten gleichmäßige Raumtemperaturen. Feine Kapillar-Haarröhrchen im Material entziehen der Luft Feuchtigkeitsüberschüsse und geben diese bei niedriger Luftfeuchte wieder ab. Aufgrund der ausgezeichneten Wärmedämmung des massiven Ziegelmauerwerks wird außerdem einem unangenehm wirkenden Temperaturgefälle und möglichen Zugerscheinungen vorgebeugt. Man wohnt behaglich. → unipor

Wohnungsbauprämie

Nach dem Wohnungsbauprämiengesetz werden 10% der dem Bausparkonto gutgeschriebenen Beträge als Prämie gewährt (maximal DM 700,- bzw. DM 1.400,- in 7 Jahren). Höchstbeiträge: Alleinstehende bis DM 1.600,-, Verheiratete bis DM 2.000,-, vorausgesetzt ihr zu versteuerndes Einkommen übersteigt nicht DM 50.000,- bzw. DM 100.000,- (Ledige/Verheiratete) p.a.

Wolf

Wolf GmbH, Postfach 13 80, Industriestraße 1, 84048 Mainburg, Tel.: 0 87 51/74-0, Fax: 0 87 51/74 16 00. Angebote: → Digitale Regelungssysteme, → Gastherme, → Heizkessel, → Solaranlagen.

Ziegel

Ziegel bestehen aus gebranntem Ton und unterscheiden sich nach Brenndauer und Brenntemperatur in ihren Eigenschaften. Dachziegel werden in vielen traditionellen und modernen Formen angeboten.

Ziegelsystem

unipor bietet heute die ganzheitliche Lösung für homogenes und individuelles Bauen. Die Produktpalette reicht vom Wärmedämmziegel für Keller-Außenwand über Wärmedämm- und Schallschutzziegel für Außenwände, für tragende und nichttragende Innenwände, bis zu Deckenziegeln, Dachelementen, Anschlagziegeln, U-Scha-

Zielbewertungszahl

len, Ziegelstürzen und Ziegel-Rolladenkästen. Vollends zum System wird dieses Angebot andererseits durch die qualitativ entsprechend hochwertigen Ergänzungsprodukte – Mauermörtel, Putze, Dübel und Feuerschutz. Und über allem stehen Prüfungen unabhängiger Institute, die das bauphysikalisch positive Zusammenwirken von unipor-Ziegeln und Ergänzungsprodukten bestätigen. Baufachleute und Wissenschaftler sind sich in einem Punkt einig: Das beste Mittel gegen Bauschäden ist die homogene Bauweise – also Keller, Außen- und Innenwände, Decken- und Dachelemente aus einem Baustoff. → unipor

Eine komplette Produktpalette ist Voraussetzung für das überzeugende unipor-Ziegelsystem. *unipor*

Zielbewertungszahl
Die → Zuteilung eines → Bauspardarlehens ist abhängig von der → Bewertungszahl. Sie erfolgt in der Reihenfolge der erreichten Bewertungszahlen, wobei die niedrigste ausreichende Zielbewertungszahl genannt wird.

Zinsabschlag
Ein verminderter Darlehenszins wird eingeräumt, wenn die effektive Auszahlungssumme des Darlehens entsprechend vermindert wird. Das sog. → Damnum ist u. U. steuerlich absetzbar.

Zinsabschlagsteuer
Seit 1.1.1993 sind Kreditinstitute verpflichtet, von allen gutgeschriebenen Zinsen einen Abschlag von 30 %, bei Tafelpapieren sogar von 35 %, Kapitalertragsteuer einzubehalten und an das Finanzamt abzuführen. Wer seinem Kreditinstitut einen → Freistellungsauftrag erteilt bzw. eine → Nichtveranlagungsbescheinigung vorlegt, erhält Kapitaleinkünfte in Höhe des Sparerfreibetrags von DM 6.100,- bzw. DM 12.200,- (Ledige/Verheiratete) steuerfrei.

Zuschüsse
→ Bauförderungsprogramm

Zuteilung
Die notwendigen Voraussetzungen für die Zuteilung eines → Bauspardarlehens sind die Einhaltung einer → Mindestwartezeit und das Erreichen der → Zielbewertungszahl sowie des → Mindestspartguthabens.

Zwischenkredit/Zwischenfinanzierung
Wenn man bereits vor der → Zuteilung Mittel zur Finanzierung eines Bauvorhabens benötigt, kann man mit einem Zwischenkredit die Zeit bis zur Zuteilung überbrücken. Diesen Zwischenkredit erhält man durch die → Bausparkasse oder, wenn diese zustimmt, durch ein anderes Kreditinstitut. Für eine Zwischenfinanzierung kann nicht der günstige Zinssatz eines → Bauspardarlehens in Anspruch genommen werden.